U0434490

导弹类特色专业基础课程思政案例

宁 超　张 青　杨文可　著
韦素媛　王 涛　成 程

西北工业大学出版社

西　安

【内容简介】 本书是结合"火箭发动机原理""爆炸气体动力学""通信原理"三门课程教学实践中的课程思政教学研究心得编写而成的课程思政教学案例。本书内容具体详实,既包括每门课程的课程思政元素挖掘及课程思政教学主线、课程思政教学方法、课程思政教学设计,又包括每门课程精选的 10 个课程思政教学案例,在案例中明确说明了该节课的课程思政目标、教学内容以及如何在教学实施中融入思政元素,进行润物无声的价值塑造。

本书可以作为高等学校教师进行课程思政教学的参考书。

图书在版编目(CIP)数据

导弹类特色专业基础课程思政案例 / 宁超等著. —西安:西北工业大学出版社,2024.4
ISBN 978-7-5612-9259-4

Ⅰ.①导… Ⅱ.①宁… Ⅲ.①高等学校-思想政治教育-教案(教育)-中国 Ⅳ.①G641

中国国家版本馆 CIP 数据核字(2024)第 068241 号

DAODANLEI TESE ZHUANYE JICHU KECHENG SIZHENG ANLI
导弹类特色专业基础课程思政案例
宁超 张青 杨文可 韦素媛 王涛 成程 著

| 责任编辑:付高明 | 策划编辑:孙显章 |
| 责任校对:肖 莎 | 装帧设计:董晓伟 |

出版发行:西北工业大学出版社
通信地址:西安市友谊西路 127 号　　邮编:710072
电　　话:(029)88493844,88491757
网　　址:www.nwpup.com
印 刷 者:西安五星印刷有限公司
开　　本:787 mm×1 092 mm　　1/16
印　　张:9.75
字　　数:231 千字
版　　次:2024 年 4 月第 1 版　　2024 年 4 第 1 次印刷
书　　号:ISBN 978-7-5612-9259-4
定　　价:58.00 元

如有印装问题请与出版社联系调换

前　言

2016年12月，习近平总书记在全国高校思想政治工作会议上强调："要用好课堂教学这个主渠道，思想政治理论课要坚持在改进中加强，提升思想政治教育亲和力和针对性，满足学生成长发展需求和期待，其他各门课都要守好一段渠、种好责任田，使各类课程与思想政治理论课同向同行，形成协同效应。"2020年5月，教育部印发《高等学校课程思政建设指导纲要》，进一步明确了各类学科课程思政建设的目标和方向。为此，各类高校和各类学科教师都认识到了课程思政建设的重大意义，认识到了推进课程思政建设是对高校"培养什么人、怎样培养人、为谁培养人"等一系列根本问题的回答，在自己所承担的课程中开展了课程思政教育，并取得了良好的育人效果。

中国人民解放军火箭军工程大学（简称"火箭军工程大学"）作为一所军校，要求培养的学生绝对忠诚、绝对纯洁、绝对可靠。在课程思政不断推进和深化的背景下，结合军队院校人才培养的特殊需求，笔者紧紧围绕为军队培养德才兼备的高素质、专业化新型军事人才目标，以火箭军工程大学三个专业学院三个不同专业的三门核心专业基础课程"火箭发动机原理""爆炸气体动力学""通信原理"为基点，以陕西省教育教学改革研究重点攻关项目（编号23BG055、23ZG020）为依托，开展了导弹类特色专业基础课程思政教学研究与实践，力求经过课程思政的探索与实践，形成一整套具有导弹类特色的专业基础课程思政教育理论和方法成果。为此，笔者将课程思政教学实践中的心得成果总结凝练，撰写成课程思政案例，这些课程思政案例具有普适性，不局限于军校和专业基础课程，对各类高校的各类专业课程思政都有借鉴意义。

由于水平有限，书中难免有疏漏之处，敬请读者批评指正。

著　者
2024年1月

目 录

第一部分 "火箭发动机原理"课程思政案例 ································ 1

1.1 课程教学目标 ·· 1
1.2 课程思政总体设计 ·· 2

案例一：喷管流动理论 ··· 8
案例二：推力 ·· 12
案例三：比冲 ·· 16
案例四：热力计算基础 ·· 20
案例五：固体火箭推进剂 ··· 24
案例六：燃气流动基本方程 ·· 28
案例七：燃烧室压强稳定性 ·· 34
案例八：固体火箭发动机的结构设计 ·· 38
案例九：液体火箭发动机的自动器 ··· 42
案例十：液体火箭发动机的涡轮泵 ··· 47

第二部分 "爆炸气体动力学"课程思政案例 ································ 56

2.1 课程教学目标 ·· 56
2.2 课程思政总体设计 ·· 57

案例十一：流体的物理性质 ·· 59
案例十二：流体运动的描述方法 ·· 63
案例十三：伯努利方程及其应用 ·· 67

案例十四:声速与马赫数 …………………………………………………… 72
案例十五:滞止状态、临界状态和最大速度状态 ………………………… 77
案例十六:气流速度与流动截面关系 ……………………………………… 81
案例十七:微幅波的反射 …………………………………………………… 85
案例十八:活塞运动问题与逃逸速度 ……………………………………… 89
案例十九:正激波 …………………………………………………………… 93
案例二十:运动冲击波方程 ………………………………………………… 97

第三部分 "通信原理"课程思政案例 ………………………………………… 103

3.1 课程教学目标 ………………………………………………………… 103
3.2 课程思政总体设计 …………………………………………………… 104

案例二十一:幅度调制基本原理 …………………………………………… 111
案例二十二:模拟信号的抽样 ……………………………………………… 114
案例二十三:抽样信号的量化 ……………………………………………… 117
案例二十四:时分复用 ……………………………………………………… 121
案例二十五:基带传输的常用码型 ………………………………………… 125
案例二十六:无码间串扰的基带传输 ……………………………………… 128
案例二十七:二进制幅移键控 ……………………………………………… 131
案例二十八:二进制相移键控 ……………………………………………… 137
案例二十九:帧同步 ………………………………………………………… 141
案例三十:伪随机序列 ……………………………………………………… 145

第一部分 "火箭发动机原理"课程思政案例

1.1 课程教学目标

一、总体目标

通过本课程的学习,学生能够清晰阐明固体和液体火箭发动机的基本结构/组成及工作过程,在导弹贮存、运输、测试和发射过程中,针对导弹动力系统,具有分析、判断和排除一般故障的能力。

通过火箭发动机工作原理的学习过程,学生能够掌握火箭发动机理论体系的基本分析方法,理解从实践上升到理论,将理论应用于实践这一哲学认识论方法,学会由果索因的逆向思维探究方法。

在对火箭发动机形成总体概念时,铸就严谨求真的科学思维、分析综合的工程思维,铸造深挖耕耘、深入探究的为学精神,树立军人使命职责意识。

二、分类目标

1. 知识传授

学生能够清晰阐明固体和液体火箭发动机的基本结构/组成及工作过程,能够运用火箭发动机的基本工作原理说明某一具体型号火箭发动机的特点及性能指标含义,在导弹贮存、运输、测试和发射过程中,针对导弹动力系统,具有分析、判断和排除一般故障的能力,能够灵活运用所学基础知识分析、解决实际问题。

2. 能力培养

通过分析火箭发动机工作的实质就是两次能量转换这一学习过程,学会透过现象看本质,从具体实例中抽象总结,从而概括上升到理论高度的方法;体验根据热力计算求解表征火箭发动机的主要性能参数的过程,学会由果索因的逆向思维探究方法;经历火箭发动机燃烧室压强稳定性的分析过程,理解在影响事物发展的诸多因素中,抓住主要矛盾的方法;通过火箭发动机基本理论的学习过程,掌握火箭发动机理论体系的基本分析方法,学会运用所学知识解决实际问题的基本方法,理解从实践上升到理论,将理论应用于实践这一哲学认识论方法。

3. 价值塑造

通过课程的学习,铸就严谨求真的科学思维,养成分析综合的工程思维;通过教学内容中蕴含哲学方法论的揭示,铸造深挖耕耘、深入探究的为学精神;将火箭发展史教育与我国航天事业蒸蒸日上的良好发展局面相结合,激发民族自强、国家复兴的自豪感,树立踏实肯干、振兴中华的奋斗精神;将教学内容与部队武器装备相结合,建立军人使命职责意识。

1.2 课程思政总体设计

一、教学对象分析

"火箭发动机原理"课程面向飞行器动力工程专业大四本科学生开设,学生经过前期"工程热力学""气体动力学""传热学"等课程的学习,打下了"火箭发动机原理"课程的学习基础;但大四学生不仅学习任务重,能力、素质培养方面等其他任务也重,自主学习时间有限,需要教师指导他们来提高学习效率。

学生进入大四,只有不到一年的时间就将离开学校,踏上工作岗位,迈入新的征程,想更多地了解未来工作岗位的实际装备,对未来工作生活充满期待的同时,也会担心自己不能掌握装备性能和快速适应工作岗位。而"火箭发动机原理"课程具有紧密联系实际的特点,因此学生对课程学习有着较高的兴趣,期望对实际装备有更深层次的认识,但传统的学习习惯和生活氛围在一定程度上禁锢了学生头脑的开发,学生自主学习的意识还有待提高,如何在学习中发现问题、探究问题、解决问题的能力以及科学工程思维还需培养。

二、课程思政育人目标

"火箭发动机原理"课程思政教学目标就是要培养学生的家国情怀,使学生牢记军人职责,在陕西省厚重的航天事业环境背景下,珍惜宝贵的学习时间,充实自己、强大自己,努力使自己成为有灵魂、有本事、有血性、有品德的高层次军事人才。

三、课程思政教学实施

1. 课程思政元素挖掘及课程思政教学主线

"火箭发动机原理"课程立足于专业课程本身特点,深挖教学内容中所蕴含的思政元素,形成鲜明的思政教学主线,自然融入课程教学,引领学生价值观的塑造,与思政课程同向同行,形成协同效应。具体挖掘方法有以下几种:

(1)紧扣教学内容挖掘。"火箭发动机原理"的教学内容分为公共基础理论、固体火箭发动机原理和液体火箭发动机原理三大模块。"火箭发动机原理"课程教学是在教学内容的基础上展开的,同样思政元素也必须立足于课程教学内容的基础上进行挖掘,这种挖掘方法主要挖掘专业知识中所蕴含的自然辩证法和哲学道理。

(2)结合专业特征挖掘。即便是同一个事物,观察角度不同,对事物的看法也不相同。"火箭发动机原理"是飞行器动力工程专业的核心专业基础课程,飞行器动力工程主要研究飞行器的动力装置及其控制系统的工作原理,因此要根据航天类专业定位和人才培养目标挖掘思政元素。

(3)依托人文环境和地域特色挖掘。我国火箭发动机的起源、研制、生产、发展历史是一部厚重的、能够激发爱国情怀与催人奋进的奋斗史,而陕西省又是我国最大的火箭发动机研制生产基地,结合这些进行思政元素挖掘,更能促进课程思政教育的亲和力与说服力,更能引起学生思想上的共鸣。

(4)立足于学校特点挖掘。火箭军工程大学培养导弹武器系统的应用性军事人才,要求本领过硬、思想忠诚、绝对可靠。因此思政元素的挖掘,必须符合学校特点,使之培养的学生能够承担起保家卫国的责任使命。

基于以上方法在"火箭发动机原理"课程中挖掘的思政元素是碎片化的,简单地采用这些思政元素进行课程思政教育,育人效果也是有限的,必须将这些思政元素用一根鲜明的主线串联起来,对这些思政元素进行取舍,并精心打磨,形成系统化的具有"火箭发动机原理"课程特色的课程思政,才能取得良好的立德树人效果。

因此,按照四位一体的思路,确立一条明确的思政教学主线贯穿"火箭发动机原理"授课全过程。课程思政内容由四个方面有机组成:一是贯通国家元素(家国情怀);二是体现专业元素(使命职责);三是融入陕西省元素(航天环境);四是融入学校元素(价值塑造)。

2. 课程思政教学方法

课程思政若要取得良好的育人效果,多样灵活的思政教学方法是有效的手段。在"火箭发动机原理"课程思政教学过程中,经过不断摸索、改进和总结,笔者探索出了一些行之有效的教学方法,主要包括以下几方面:

(1)荣誉激励法。通过学习火箭发动机起源于我国,以及我国航天事业蒸蒸日上的良好发展局面和广阔的发展前景,从国家层面培养学生踏实肯干、振兴中华的奋斗精神和民族自强、国家复兴的自豪感,学生能够坚定"四个自信"。

(2)使命牵引法。以航天精神为标榜,激发学生航天报国的理想信念,树立严谨求实的科学精神,培养孜孜不倦的奋斗精神,从军队层面培养学生的吃苦精神、拼搏精神、进取精神和战斗精神。

(3)地域联系法。通过学校所在地(陕西省)有我国最大的火箭发动机研制生产基地这一实际情况,以及很多先进型号的火箭发动机就是由他们生产的这一事实,组织学生进行实地参观,给学生以视觉、听觉的真实感受,更能引起学生思想上的共鸣,激发学生为航天事业无私奉献的精神。

(4)环境融入法。结合学校育人定位、校训和校风,在课程讲授过程中,通过渗透和融入,引领学生塑造价值观。

(5) 深层揭示法。通过对火箭发动机一些概念内涵的阐述,揭示这些概念中所蕴含的唯物辩证法基本规律,学生能够学会透过现象看本质,学会在普通事物发展过程中揭示出哲学内涵规律的方法论,体会科学思维的价值。

(6) 身边案例法。通过教研室内部所承担的一些重大科研项目以及老教授为年轻教师铺路搭桥,引领他们开展科研工作并取得丰硕科研成果的案例,激发学生努力钻研的科学精神,让学生体悟甘为人梯、奖掖后学的境界,培养学生良好的品德情操。

(7) 史料挖掘法。在课程讲授过程中,适当穿插以钱学森先生为代表的老一代航天工作者的生活轨迹和工作事迹的讲述,让学生体会钱学森先生不为荣华富贵所引诱,毅然抛弃美国舒适生活返回祖国、报效祖国的无私奉献精神,体会老一代航天工作者不计条件艰苦,克服各种困难,奋发努力,使我国航天事业一步一步上台阶的意志品质;学习他们崇高的人生观、价值观,在理想、道德、情操方面给予学生启迪。

(8) 资料教育法。布置作业让学生查阅一些火箭发动机基本原理的探索、揭示过程,从中体验科学研究的方法及其应用,领悟思维的灵活性和深刻性;布置作业让学生阅读教师事先整理好的火箭及发动机研制过程资料,让学生感受到科学研究的艰辛和不易,在科学面前容不得半点马虎,激发学生悟真求实、踏实肯干的钻研精神。

3. 课程思政教学设计

课程思政教学设计见表 1-1。

表 1-1 课程思政教学设计

教学内容	课程思政元素融入	课程思政元素挖掘	思政目标	课程思政教学方法
第1章 绪论	通过火箭发动机原理课程为学生以后在部队工作奠定基础;课程现在使用的自编教材,往届部分学生也参与了编写,他们负责文字录入、绘图,以及撰写每章之后的航天工作者感人事迹,激发学生学习兴趣的同时,也培养学生的军人职责使命意识	符合专业特征挖掘;立足于学校特点挖掘	激发学生课程学习的兴趣;培养学生的军人职责使命意识	使命牵引法;环境融入法
第2章 火箭发动机的能量转换过程及喷管理论	通过火箭发动机的缩放型喷管与弹用吸气式发动机收缩型喷管对比,让学生体会对比哲学原理的运用;通过喷管流动理论的完整分析,让学生领悟分析综合的思维方法;从反压影响引申到学校砺剑精神传承	紧扣教学内容挖掘;立足于学校特点挖掘	体会对比哲学原理的运用;领悟分析综合的思维方法;传承学校砺剑精神	深层揭示法;环境融入法

第一部分 "火箭发动机原理"课程思政案例

续表

教学内容	课程思政元素融入	课程思政元素挖掘	思政目标	课程思政教学方法
第3章 火箭发动机的主要性能参数	从火箭发动机推力性能过渡到东风快递,使命必达,完成军人使命职责传承教育; 讲述钱学森先生的生活轨迹和工作事迹,在理想、道德、情操方面给予学生启迪; 在讲述比冲这节课时,没有专门拿出篇幅进行课程思政,但课程内容所涉及的"神舟飞船、数学形式中蕴含的物理意义、逃逸塔发动机研制的曲折过程"等隐含融入家国情怀、科学思维、航天精神的教育	紧扣教学内容挖掘;结合专业特征挖掘;依托人文环境和地域特色挖掘	传承军人使命职责,树立崇高的人生观、价值观,培塑拼搏进取精神; 激发学生为中华民族伟大复兴做出贡献的动力; 理解数学形式和物理实质相统一的科学思维; 传承航天四特精神	使命牵引法;荣誉激励法;史料挖掘法
第4章 火箭发动机的热力计算	在热力计算的任务和内容的讲述中,让学生体会由果索因的逆向思维探究方法; 在建立热力计算能量守恒方程的过程中,给予学生辛勤努力获取成功喜悦的启迪; 在建立热力计算质量守恒方程的过程中,让学生感悟跳出禁锢束缚,开辟新的思路解决问题的方法	紧扣教学内容挖掘	体会由果索因的逆向思维探究方法; 在能量守恒定律中获得启迪,用努力奋斗的汗水铸就辉煌成功的喜悦; 感悟跳出禁锢束缚,开辟新的思路解决问题的方法	深层揭示法
第5章 固体火箭推进剂	从固体推进剂起源于我国引申到我国的悠久历史文明,再进一步引申到社会主义建设事业各个方面的蓬勃发展,进而宣贯学习党的二十大精神,坚定"四个自信"; 以从事固体火箭装药"雕刻师"工作的徐立平事迹为依托,弘扬大国工匠精神	依托人文环境和地域特色挖掘	学习党的二十大精神,坚定"四个自信"; 弘扬大国工匠精神	荣誉激励法;地域联系法
第6章 固体火箭发动机中的燃烧	结合固体火箭发动机不稳定燃烧教学内容,通过航天四院设计生产的防空反导发动机不稳定燃烧实例的解析,让学生体会逐层递进逻辑推理分析方法	紧扣教学内容挖掘;依托人文环境和地域特色挖掘	体会由浅入深、层层递进、逐步剖析的逐层递进逻辑推理分析方法	深层揭示法;地域联系法

续表

教学内容	课程思政元素融入	课程思政元素挖掘	思政目标	课程思政教学方法
第7章 固体火箭发动机燃烧室内的燃气流动	通过发动机燃烧室燃气流动基本假设,让学生领悟抓住事物主要矛盾、简化次要矛盾、揭示事物基本规律的唯物辩证法原理; 通过我国固体火箭发动机内流场仿真基本理论的现状与差距,培塑学生的奋斗精神; 通过教研室老教授为年轻教师铺路搭桥,引领他们在内流场仿真基本理论方面开展科研工作并取得丰硕成果的事实,培养学生良好的品德情操	紧扣教学内容挖掘;立足于学校特点挖掘	领悟通过合理假设,抓住事物主要矛盾、简化次要矛盾、揭示事物基本规律的唯物辩证法原理; 培塑自强不息、奋发努力的意志品质,以及振兴我国航天、军事科技事业的奋斗精神; 体悟甘为人梯、奖掖后学的境界,培养良好的品德情操	深层揭示法; 身边案例法
第8章 固体火箭发动机内弹道计算	从火箭发动机燃烧室压强稳定性的分析过程着手,培塑学生深入探究的为学精神	紧扣教学内容挖掘	培塑抽丝剥茧、去伪存真、抓住事物本源的深入探究精神	深层揭示法
第9章 固体火箭发动机总体方案及装药	以固体发动机总体方案设计内容及流程为依托,力求让学生理解工程思维的科学性; 从装药设计引出航天事业取得的进步与发展,激发学生航天报国的理想信念	紧扣教学内容挖掘;依托人文环境和地域特色挖掘	理解工程思维的科学性;家国情怀的建立	深层揭示法; 使命牵引法
第10章 固体火箭发动机的结构	从固体火箭发动机结构设计方案中领悟唯物辩证法的系统观念; 从我国首型潜地固体战略导弹总设计师和首型陆基机动固体战略导弹总设计师黄纬禄的事迹中培塑学生攻坚克难、勇攀高峰的创新精神	紧扣教学内容挖掘;结合专业特征挖掘	领悟唯物辩证法的系统观念; 学习老一代固体火箭设计师忠诚报国、献身航天的坚定信念,攻坚克难、开拓进取、敢为人先、勇攀高峰的创新精神,忠诚事业、默默奉献的崇高境界	深层揭示法; 史料挖掘法

续表

教学内容	课程思政元素融入	课程思政元素挖掘	思政目标	课程思政教学方法
第11章 典型液体火箭发动机的结构和推力室	以神舟飞船动力装置和长征五号火箭这些典型的泵压式液体火箭发动机为依托,激发学生民族自豪感,激励学生增强自身能力素质,为中华民族伟大复兴贡献力量	结合专业特征挖掘	家国情怀的建立	荣誉激励法
第12章 液体火箭发动机的喷嘴与喷注器	发动机中有很多部件,喷嘴是其中很小的一个,但它的质量可以影响整个发动机的性能。而我们每个人都是社会的一分子,我们应该在自己的本职岗位上兢兢业业、忠于职守,做好像喷嘴这样的"螺丝钉",为祖国和军队建设做出贡献	结合专业特征挖掘	培塑学生的"螺丝钉"精神	使命牵引法
第13章 液体火箭发动机的自动器	从启动活门和关机活门的工作特性联系到专业特点,培塑学生岗位职责意识; 从液体火箭发动机自动器及组成部件繁多、结构复杂的情况引申到团结协作精神的培养	结合专业特征挖掘;紧扣教学内容挖掘	岗位职责意识的培塑;团结协作精神的培养	使命牵引法;深层揭示法
第14章 液体火箭发动机的涡轮泵	从长征五号遥二火箭涡轮泵故障归零过程着手,培塑学生悟真求实、踏实肯干的钻研精神; 整节课的教学,是将实际问题深化为对理论的理解和阐释,也是对"从实践上升到理论,用理论来指导实践"这一哲学认识论方法的诠释	结合专业特征挖掘;紧扣教学内容挖掘	培塑悟真求实、踏实肯干的钻研精神; 领悟"从实践上升到理论,用理论来指导实践"的哲学认识论	资料教育法;深层揭示法

案例一：喷管流动理论

一、教学目标

1. 知识目标

清晰阐明火箭发动机喷管的功用以及喷管形状对流动影响的规律，详尽说出反压对喷管流动的影响。

2. 能力目标

通过学习喷管流动理论的分析过程，培养学生运用喷管流动基本理论分析解决工程实际问题的能力。

3. 价值目标

体会对比哲学原理的运用，领悟分析综合的思维方法，传承学校砺剑精神。

二、教学内容

从弹用吸气式发动机喷管（收缩型）照片和火箭发动机喷管（缩放型）照片及实物的对比，引出本节教学内容；播放发动机工作过程动画，分析其工作过程并说明喷管的三个功用；从一维定常等熵流动的连续方程（质量方程）和动量方程推导燃气速度相对变化率和喷管截面积相对变化率的关系公式，根据公式说明欲将亚声速流加速到超声速流，管道形状必须先收缩后扩张，因此：火箭发动机的喷管必须做成缩放型；从喷管反压变化，以及反压3个特征点和4个变化区间，分8种情况说明喷管燃气流动情况；说明实际飞行中喷管的工作状态，理论联系实际，培养学生运用喷管流动基本理论分析解决工程实际问题的能力。

三、教学实施

本节课是第2章的第二节喷管流动理论，喷管流动理论为理解火箭发动机的工作原理以及学习火箭发动机主要性能参数打下基础。本节课结合火箭发动机实物、飞行案例，运用启发式、问题导引式等教学方法，先分再总，逐层递进，并以多媒体、板书等教学手段辅助进行授课。

1. 预习

在网上搜索巡航导弹图片，查阅弹用吸气式发动机喷管资料。

2. 教学过程

（1）引入。从弹用吸气式发动机喷管（收缩型）照片和专业教室内火箭发动机喷管（缩放型）照片及实物的对比，引出本节教学内容；同时提出问题：火箭发动机喷管的功用是什么？

为什么火箭发动机喷管要做成截面积先收缩后扩张的形式?

(2)喷管的功用。播放火箭发动机工作过程的动画,分析火箭发动机的工作过程,逐步说明喷管的功用。火箭发动机作为飞出大气层的飞行器动力装置,喷管的功用包括:

1)保证燃烧室的工作压强,产生一定质量流量燃气;

2)能量转换,加速排出,产生推力;

3)实施推力矢量控制。

其中喷管最主要的功用是让燃气流加速,加速到超声速流,加的速度越高越好。这里就回答了课前第一个问题:火箭发动机喷管的功用是什么?

过渡 怎样制作喷管,才能将燃气流加速到超声速流,这就是我们下面要讨论的喷管形状对燃气流动的影响。

(3)喷管形状对燃气流动的影响。从一维定常等熵流动的连续方程(质量方程)和动量方程推导燃气速度相对变化率和喷管截面积相对变化率的关系公式,即

$$[(Ma)^2 - 1]\frac{du}{u} = \frac{dA}{A}$$

1)当 $Ma<1$ 时,即亚声速流动,若 $du>0$,则 $dA<0$。

当亚声速气流加速时,喷管流动截面积要逐渐减小(收缩型)。

2)当 $Ma>1$ 时,即超声速流动,若 $du>0$,则 $dA>0$。

当超声速气流加速时,喷管流动截面积要逐渐增大(扩张型)。

3)当 $Ma=1$ 时,即声速流动,$dA=0$。

当声速流动时,喷管流动截面积最小(临界截面)。

结论:欲将气流从亚声速流加速到超声速流,管道形状必须先收缩后扩张。这里就回答了课前第二个问题:为什么火箭发动机喷管要做成截面积先收缩后扩张的形式?拉瓦尔喷管如图 1-1-1 所示。

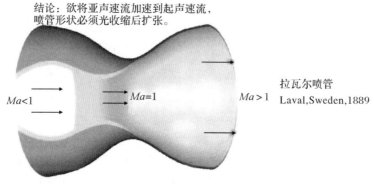

图 1-1-1 拉瓦尔喷管

过渡 是不是有了先收缩后扩张的拉瓦尔喷管,就一定能将燃气流加速到超声速流,这需要从反压对喷管流动的影响中寻找答案。

(4)反压对喷管流动的影响。反压有 3 个特征点和 4 个变化区间,将喷管燃气流动情况

分为8种情况,如图1-1-2所示。

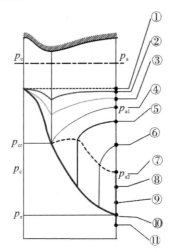

图1-1-2 反压对喷管流动的影响

1) $p_a = p_c$,无流动,如图1-1-2中曲线①所示。

2) $p_c > p_a > p_{a1}$(第一特征压强),亚声速流动,如图1-1-2中曲线②③所示。

3) $p_a = p_{a1}$,亚声速、声速、亚声速流动,如图1-1-2中曲线④所示。

4) $p_{a1} > p_a > p_{a2}$(第二特征压强),亚声速、声速、超声速、亚声速流动,如图1-1-2中曲线⑤⑥所示。

5) $p_a = p_{a2}$,亚声速、声速、超声速流动,如图1-1-2中曲线⑦所示。正激波位于出口位置。

6) $p_{a2} > p_a > p_e$(第三特征压强),亚声速、声速、超声速流动,如图1-1-2中曲线⑧⑨所示。出口处有斜激波,过度膨胀。

7) $p_a = p_e$,亚声速、声速、超声速流动,如图1-1-2中曲线⑩所示。无激波与膨胀波,完全膨胀。

8) $p_a < p_e$,亚声速、声速、超声速流,如图1-1-2中曲线⑪所示。有膨胀波,欠膨胀。

反压对喷管流动有影响,这就造成了拉瓦尔喷管是产生超声速流的必要但不充分条件。

[过渡] 发动机实际飞行中,飞行高度不断增大,外界反压不断减小,那实际飞行中喷管是什么样的工作状态呢?这就是我们要讨论的第4个问题。

(5)实际飞行中的喷管工作状态。火箭发动机实际飞行中,喷管有3种工作状态:

1)在低空飞行时,若喷管出口燃气压强小于外界反压,出口处有斜激波,过度膨胀。这种工作状态又分为两种情况:第一种情况,当喷管出口燃气压强与外界反压差距不是很大时,喷管外多道斜激波叠加形成菱形激波,这在导弹与运载火箭的起飞级发动机低空飞行时很容易观察到;第二种情况,当喷管出口燃气压强小于外界反压很多时,就会出现过膨胀气流分离现象。

2)在特定高度飞行时,喷管出口燃气压强与外界反压相等,无激波与膨胀波,完全膨胀。

3)在高空飞行时,喷管出口燃气压强大于外界反压,有膨胀波,欠膨胀。

3. 小结

知识小结：本节课主要阐述了火箭发动机喷管的功用。燃气速度相对变化率和喷管截面积相对变化率的关系公式说明，欲将亚声速流加速到超声速流，火箭发动机的喷管必须做成先收缩后扩张的缩放型喷管；从喷管反压变化，以及反压3个特征点、4个变化区间，分8种情况说明喷管燃气流动情况；说明实际飞行中喷管的工作状态。

方法小结：本节课的教学，启发学生理解分析综合的方法，分析综合是在认识中，把整体分解为部分，再把部分重新结合为整体的认识事物的过程方法。

四、课程思政元素融入

1. 对比哲学原理的运用融入

火箭发动机的喷管为什么要做成缩放型的？而弹用吸气式发动机喷管要做成收缩型的？通过对比，结合火箭发动机和弹用吸气式发动机的飞行条件，再由燃气速度相对变化率和喷管截面积相对变化率的关系公式进行说明，能够让学生对这个概念理解得更加清晰，这其实就是运用了哲学中的对比原理。对比原理是以相对数为重要手段，对有联系现象的数量进行对比分析，从而在现象的数量对比中，揭示现象的性质；或是把事物、现象和过程中的矛盾的双方，安置在一定条件下，使之集中在一个统一体中，形成相辅相成的比照关系，这有利于充分显示事物的矛盾，突出被表现事物的本质特征。

2. 分析综合思维方法融入

整节课的教学内容完整地融入了分析综合的思维方法。分析是在头脑中把整体分解为各个部分或各个方面，把整体的个别特征或个别属性分出来；综合是在思想上把整体的各个部分或各个方面联系起来，把整体的个别特征或个别属性结合起来。分析法与综合方法是对立统一的关系，分析与综合是彼此相反而又紧密联系的过程。对整体分析的同时也是对它的综合，因为分析不仅要分出整体的部分、方面和特征，还要揭示存在于整体的各部分之间的联系、关系和共性。分析是从整体开始的（最初的综合），分析又是达到认识整体的手段、途径和方法，通过分析而对整体认识得更深入和更充分（再次的综合）。分析与综合的思维过程中包括这三个环节——最初的综合—分析—再次的综合。

(1) 最初的综合。整节课为了清晰地阐述喷管流动理论，将教学内容先分解为喷管的功用、喷管形状对流动的影响和反压对喷管流动的影响三个方面，然后逐一对每个方面的内容进行分析。

(2) 分析。首先分析第一方面内容，喷管最主要的功用是将燃气流加速、完成能量转换、产生推力，将燃气流加的速度越高越好，加速到超声速。其次分析第二方面内容，要将燃气流加速到超声速，发动机喷管必须做成截面积先收缩后扩张的形式，在对第二方面内容的分析的同时也建立了与第一方面内容的联系。接着分析第三方面内容，喷管反压变化有3个特征点，将反压分成4个区间，从而喷管中燃气流动情况有8种情况；从这8种流动情况再说明与第二方面内容的联系，缩放型喷管是燃气流加速到超声速流的必要条件而非充分条件。

(3)再次的综合。最后讲述第四方面内容,火箭发动机实际飞行中喷管的工作状态,结合喷管实际工况对前三方面内容进行综合的阐述。

3. 学校砺剑精神融入

仅仅一个反压的影响,就使得喷管燃气流动状态有 8 种情况,而分析、认清这 8 种流动状态,是经过航天界科技工作者多年的研究探索、不断努力的结果。火箭军工程大学是培养火箭军骨干军官的主要基地,同学们未来要承担起执掌"大国长剑"的职责使命,那么在学校学习期间,就要刻苦学习、苦练本领、不断磨砺、敢于担当,让自己具备未来工作需要的能力和素质。

案例二:推力

一、教学目标

1. 知识目标

阐明推力的定义和产生原理,运用推力的计算方法分析推力方案的优化设计,并在一定程度上能够用其来分析解决工程实际问题。

2. 能力目标

培养学生分析问题、解决实际问题的能力。

3. 价值目标

传承军人使命职责,树立崇高的人生观、价值观,培塑拼搏进取精神。

二、教学内容

本节课内容包括四个方面:通过火箭发动机工作过程阐明了推力产生的原理及定义,推力就是发动机工作时,发动机所有表面上作用力的合力;从发动机内/外表面作用力推导了推力计算公式,并进行了分析;通过喷管出口燃气压强的选择,对推力方案进行了优化设计;在此基础上,通过实弹发射实例,理论联系实际,培养学生运用理论分析解决工程实际问题的能力。

三、教学实施

本节课按照由浅入深、逐层递进的安排,分 4 点进行讲述,其中第二点推力的计算是重点内容,第三点推力方案的优化设计是难点内容,授课时,以贴近装备、贴近实战、贴近学科发展前沿为指导思想,润物无声中融入课程思政、知识传授落脚于备战打仗,立德树人、为战育人,通过任务驱动、问题导引、小组讨论等方法,融合 OBE(Outcome Based Education)教育理念,让学生在价值观方面得到引领,在知识、能力、素质三个层面得到提升。

1. 预习与回顾

回顾高等数学里证明函数取得最大值的方法,预习火箭发动机的推力。

2. 教学过程

(1) 引入。以某次实弹发射任务作为背景,引出本节教学内容,布置学习任务:实弹发射中推力与射程的关系;同时提出问题:什么是火箭发动机的推力？推力是怎样产生的？推力如何计算？为什么发动机给出推力性能指标,还要规定环境压强？

(2) 推力的产生和定义。通过剖析火箭发动机的工作过程,说明产生推力的两个条件:①必须有喷射的工质;②必须有一个特定结构的发动机。

实际上,推力的产生就是完成了两次能量转换过程:①推进剂的化学能转变为燃气的热能;②燃气的热能转变为燃气动能,进而转变为火箭飞行动能。

通过发动机内、外表面上的压强分布(见图 1-2-1)说明推力的定义:当发动机工作时,发动机所有表面上作用力的合力定义为火箭发动机的推力。这里就回答了课前的问题:什么是火箭发动机的推力？推力是怎样产生的？

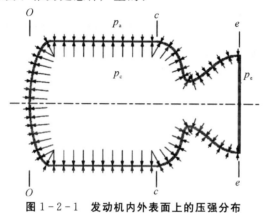

图 1-2-1 发动机内外表面上的压强分布

过渡 明白了推力的产生和定义,那东风快递完成使命到底需要多大的推力呢？这就必须知道推力如何计算。

(3) 推力的计算。

1) 推力计算公式推导。火箭发动机的推力包括燃气对发动机内表面作用力和外界环境大气作用于外表面的力。

燃气对发动机内表面作用力为

$$F_{in} = \dot{m}u_e + p_e A_e$$

发动机外表面的环境大气压强合力为

$$F_{ex} = -p_a A_e$$

故推力为

$$F = F_{in} + F_{ex} = \dot{m}u_e + (p_e - p_a)A_e$$

这里就回答了课前的另一个问题:推力如何计算？

2) 推力公式分析。

A. 动推力。

$$\dot{m}u_e > 90\%$$

$$F = \dot{m}u_e = \Gamma p_c A_t \sqrt{\frac{2k}{k-1}\left[1-\left(\frac{p_e}{p_c}\right)^{\frac{k-1}{k}}\right]}$$

推力公式的第一项是燃气的质量流量与排气速度的乘积,也就是燃气的动量变化量,所以称为动推力,它占据了整个推力数值 90% 以上。增大动推力的有效措施,就是增大燃烧室压强和喷喉面积,减小膨胀比。

B. 静推力。

$$A_e(p_e - P_a) < 10\%$$

推力公式中的第二项是由于喷管出口燃气压强和外界环境压强差所造成的,所以称为静推力,静推力不到推力数值的 10%。实际上,静推力就反映了喷管性能和外界飞行条件对推力的影响。

这里就回答了课前的问题:为什么发动机给出推力性能指标,还要规定环境压强?这是因为推力是与环境压强相关的。

C. 特定环境压强下的推力。假如环境压强是特定值呢,比如环境压强是一个标准大气压,这时的推力称为海平面推力,而环境压强为零,称为真空推力。

海平面推力为

$$F_S = \dot{m}u_e + A_e(p_e - 1\text{ atm})$$

1 atm = 1.01×10⁵ Pa。

真空推力。

$$F_V = \dot{m}u_e + A_e p_e$$

D. 设计推力。

$$p_e = p_a$$
$$F^0 = \dot{m}u_e$$

设计推力是喷管出口燃气压强与外界环境压强相等时的推力。在外界压强一定条件下(特定高度),设计推力是发动机所能达到的最大推力。

通过两种方法,证明函数取最大值的数学方法和受力分析的物理方法来证明设计推力是在外界压强一定条件(特定高度)下,发动机所能达到的最大推力。

[过渡] 设计推力是特定高度上发动机所能达到的最大推力,但发动机飞行条件各不相同,怎么样才能使不同飞行条件下的发动机推力最大呢?这就需要对推力方案进行优化设计。

(4) 推力方案的优化设计。

1) 飞行高度变化不大的发动机,有

$$p_e = p_a$$

2) 飞行高度变化比较大的导弹,有

$$p_e = \frac{1}{t_a}\int_0^{t_a} p_a \mathrm{d}t$$

3) 保证在低空工作条件下喷管内不出现激波和气流分离。

(5) 案例解析。通过实弹发射的实例,分析推力与导弹射程的关系。采用小组讨论的方法,讨论过程中,教师要在不同的小组之间来回走动,倾听小组学生讨论的发言情况,注意在难点处、易混处及时引导。小组讨论结束后,每组派一个代表上台发言,讲述讨论结果,教师对讨论结果进行点评,并总结、归纳推力与导弹射程的关系。

评价 通过学生自评、同组成员互评、教师评价三个方面来评价学生本次学习任务完成情况。

3. 小结

知识小结:本节课通过火箭发动机的工作过程,阐明了推力的产生和定义;通过推力计算公式的推导和剖析,说明了海平面推力、真空推力和设计推力的基本概念,并说明了火箭发动机的最佳工作状态;通过与火箭发动机实际飞行条件结合,说明了推力方案优化设计的方法和目的。

方法小结:本节课的教学,采用"实践问题引入、原理分析解决、理论应用实践"三步闭环式教学主线,围绕分析推力与导弹射程的关系这一学习任务展开教学内容,说明了推力是什么、为什么、怎么用。整个教学过程体现了"从实践上升到理论,将理论应用于实践"这一哲学认识论方法。

四、课程思政元素融入

1. 军人使命职责融入

本节课开篇引入时的讲授词是:"同学们都知道这么一句话,'东风快递,使命必达',这其实就是我们火箭军的光荣使命任务,那么火箭发动机的哪一个性能参数直接关系到快递使命的完成能力呢?这就是我们今天所要讲述的火箭发动机的推力。"

除开篇点出火箭军的使命任务之外,在课程讲述的不同环节,与课程讲授的专业知识融合,多次点题火箭军的使命任务,比如第一个教学内容和第二个教学内容的过渡语:"明白了推力的产生和定义,那东风快递完成使命到底需要多大的推力呢?这就必须知道推力如何计算。"

最后在课程小结时,再次强调,凝练升华,完成火箭军使命任务的传承教育,讲授词是:"同学们要本着深挖耕耘、深入探究的为学精神,扎实奠定知识能力素质基础,从而在以后的工作中,能够像火箭发动机所拥有的巨大推力那样,来完成'东风快递、使命必达'的光荣任务!"

2. 人生价值观融入

在讲述推力越大、火箭运载能力越强、射程越远时,穿插大推力火箭发动机的前沿进展内容。2021年10月,我国研制的世界上最大推力的整体式固体火箭发动机,500 t推力固体火箭发动机地面试车成功,这说明在大推力整体式固体火箭发动机方面,我国已经由追赶实现了超越,达到了领先。

比对新中国成立之初,我国航天事业从零起步的事实,正是以钱学森先生为代表的老一代航天工作者的艰苦努力,为我国航天事业做好了开端,打好了基础,才会有现在我们航天事业的蓬勃发展。

当时,钱学森先生在美国有着非常好的物质生活条件,但他时刻心系祖国。当中华人民共和国宣告成立的消息传到美国时,钱学森先生毅然决定回国,为自己的国家效力,但他的回国之旅却充满艰辛。美国将钱学森先生扣押,经过我国的努力交涉,以及释放美国飞行员的条件,历时5年,才将钱学森生迎回祖国。

通过以钱学森先生为代表的老一代航天工作者的生活轨迹和工作事迹讲述,让学生体会钱学森先生不为荣华富贵所引诱,毅然抛弃美国舒适生活返回祖国,报效祖国的无私奉献精神,体会老一代航天工作者不计条件艰苦,克服各种困难,奋发努力,使我国航天事业一步一步上台阶的意志品质,学习他们崇高的人生观、价值观,在理想、道德、情操方面给予学生启迪。

3.拼搏进取精神融入

在讲述推力方案优化设计、说明推力理论的实际用途时,以学校航模队为实例。学校航模队的历届队员,将理论与实践相结合,设计制作的模型火箭在全国飞行器设计挑战赛中,曾经7次获得过冠军,这对他们能力素质培养提高的促进作用是明显的。通过这样的事实,鼓励学生树立严谨求实的科学精神,培养学生的拼搏精神、进取精神。

案例三:比冲

一、教学目标

1.知识目标

阐明比冲的概念和物理意义,说出影响比冲的因素,一定程度上能够运用影响比冲的因素分析解决工程实际问题。

2.能力目标

培养学生分析、解决实际问题的能力。

3.价值目标

激发学生为中华民族伟大复兴做出贡献的动力,理解数学形式和物理实质相统一的科学思维,传承航天"四特"精神。

二、教学内容

比冲既表征了推进剂的能量特性和其在燃烧室燃烧完善程度,又表征了喷管性能即膨胀效率,是全面衡量火箭发动机性能的重要指标。要想提高火箭发动机的性能,就要提高发动机的比冲,而这又必须理解影响比冲的因素。通过对比冲公式的推导及详细分析,说明影响比冲的因素,一共有6点:①推进剂能量的影响;②推进剂燃烧产物比热比的影响;③喷管膨胀比的影响;④发动机燃烧室压强的影响;⑤外界环境大气压强的影响;⑥推进剂初温的影响。在此基础上,理论联系实际,通过工程应用案例,提高神舟飞船逃逸塔比冲的分析解决过程,让学生透彻理解影响比冲的因素,并让学生在一定程度上能够掌握运用比冲基本理论分析解决工程实际问题的能力。

三、教学实施

本节课是第3章火箭发动机的主要性能参数的第二节比冲,是对火箭发动机最重要性能参数的阐述,对整门课程的学习起着重要的支撑作用,授课时通过由浅入深、逐层递进的安排进行讲述。本节课内容特点是理论性强、概念抽象、应用性强、内容学习需要的基础知识面宽,并紧密结合发动机实际工作过程。为此本节课通过师生互动、情景代入的方法,突出以学生为中心的教育理念,通过问题导引、小组讨论等方法促进学生深度参与课堂教学,构建高效研讨学习课堂。

1. 预习

要求学生课前,在网上查阅神舟飞船逃逸塔相关资料,查询神舟飞船动力装置长征二号F火箭发动机的比冲性能参数,查阅逃逸塔喷管研制过程。

2. 教学过程

(1) 引入。播放视频,说明神舟飞船逃逸塔的功能。逃逸塔是保障航天员生命安全的应急救援固体火箭发动机组。

神舟五号飞船第一次载人飞行,为确保航天员的生命安全,要求提高逃逸塔性能,也就是提高逃逸塔发动机比冲,从而提出问题:什么是比冲?影响比冲的因素是什么?如何提高逃逸塔比冲?如图1-3-1所示,引出本节教学内容。

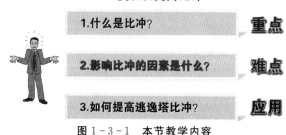

图1-3-1 本节教学内容

(2) 比冲的定义。比冲有三个方面的定义:一是火箭发动机消耗单位质量推进剂产生的推力冲量定义为发动机的比冲;二是单位重量推进剂产生的推力冲量也被定义为比冲;三是单位质量流量所产生的推力称为比推力,它是比冲的瞬时值,而前二者定义的比冲是比冲的平均值。结合学生课前查询的神舟飞船动力装置长征二号F火箭发动机的比冲性能参数,说明为什么同一个发动机有不同的比冲数值和单位,就是因为采用了不同定义的比冲,同时结合固体和液体火箭发动机特性来说明三种定义比冲的应用范围。这里还要通过提问和引导,推动学生参与讨论,由火箭发动机的主要组成部件、工作过程及其表征参数来说明比冲是这些性能表征参数的乘积,从而比冲既表征了推进剂的能量特性和其在燃烧室燃烧完善程度,又表征了喷管性能即膨胀效率,是全面衡量火箭发动机性能的重要指标。这样就回答了课前第一个问题:什么是比冲?

过渡 我们当然希望火箭发动机性能越优越好,也就是比冲越高越好,为了提高比冲,我们必须明晰影响比冲的因素。

(3) 影响比冲的因素。通过对比冲公式的推导及详细分析,逐步说明影响比冲的因素,一共有6点:

1) 推进剂能量的影响。这里着重阐述推进剂能量如何影响比冲,并以固体推进剂为实例,说明固体推进剂的发展历程就是能量不断提高的过程,也就是比冲提高的过程,同时拓展讲述提高推进剂能量的前沿研究热点内容。

2)推进剂燃烧产物比热比的影响。分析得出结论减小比热比可以略微提高比冲,并拓展补充减小推进剂燃烧产物比热比的内容。

3)喷管膨胀比的影响。从扩张比对比冲影响的数据曲线图引出特征比冲,用热力循环示功图证明当喷管出口压强等于外界环境压强时,比冲达到最大,从而分欠膨胀和过膨胀两种情况说明扩张比对比冲的影响。

4)发动机燃烧室压强的影响。通过公式分析以及用多种不同发动机燃烧室压强数据说明,增大燃烧室压强可以提高比冲。

5)外界环境大气压强的影响。火箭发动机飞行高度增加,外界环境压强减小,比冲增大。列举综合运用扩张比和环境压强对比冲的影响,通过优化设计,提高发动机比冲的实例——延伸喷管。

6)推进剂初温的影响。站在热力学角度,从推进剂能量及燃烧耦合效应分析说明初温对比冲的影响,结合实弹发射实例,说明固体发动机保证初温的稳定措施。

这样就回答了课前第二个问题:影响比冲的因素是什么?

(4)提高比冲实例。首先通过比冲定义式和最大飞行速度公式并结合实例说明提高比冲的效果,然后将学生分组,采用小组讨论的方法,在影响比冲的6个因素基础上,由学生自主讨论分析,如何采取措施提高逃逸塔比冲。注意:在学生讨论时,要适时启发引导,并在讨论结束后进行总结,对学生讨论结果的正确性进行肯定,对偏颇之处予以分析并纠正。

3. 小结

知识小结:本节课采用物理阐述和实例说明的方法,通过比冲定义式阐明了比冲是全面衡量发动机性能的指标;采用逻辑推理和公式分析的方法,通过比冲的计算式说明了比冲的6点影响因素,最后用所学习的理论分析了提高逃逸塔比冲的途径就是通过调整推进剂组元配比,从而增加推进剂能量,以此来提高逃逸塔比冲。

方法小结:本节课的教学,不仅要让学生掌握所学习的知识内容,更深层次的是要让学生学会理论联系实际,并能够运用理论去分析解决实际问题的方法,从而让自己的能力素质得到提高。

四、课程思政元素融入

本节课思政元素融入努力做到润物无声,整节课的教学看似都是讲授专业知识,没有专门拿出篇幅进行课程思政,但是整节课的知识传授过程中却隐含着情感态度与价值观精准滴灌这样一条课程思政暗线,这也被称为"隐形思政",这样的课程思政更有说服力,更能起到入脑、入心的效果。

1. 家国情怀的融入

课前预习要求学生在网上查阅神舟飞船逃逸塔相关资料,比冲的授课也是通过神舟飞船及逃逸塔引入,引入不是空洞地阐述神舟飞船逃逸塔功能,而是辅以图片和视频(图 1-3-2),这样能给学生产生视觉听觉的直观感受,目的是唤起学生对我国航天事业蓬勃发展的自豪感,对我国社会主义建设成就的认同感,激发学生为中华民族伟大复兴做出贡献的动力,这里就隐藏着课程思政的一条暗线。

图 1-3-2　神舟飞船和航天员

2. 科学思维的融入

特征速度表征了推进剂的能量特性和其在燃烧室燃烧的完善程度,推力系数表征了喷管性能(即膨胀效率),在数学形式上比冲等于特征速度乘以推力系数,而工作中的火箭发动机可以看成只由推进剂、燃烧室和喷管组成,因此比冲是全面衡量火箭发动机性能的重要指标。不仅在数学形式上,而且在物理实质上,比冲确实是全面衡量火箭发动机性能的重要指标,这体现了数学形式和物理实质的统一,也为以后章节通过物理实质推导燃气流动基本方程奠定了科学思维基础,这里也隐藏了课程思政的一条暗线。

3. 航天精神的融入

在小组讨论如何提高逃逸塔比冲时,根据以往的教学经验,学生一般都会得出从两方面采取措施进行提高的答案:一是调整推进剂配方,增大能量特性;二是改进发动机结构,尤其是改进喷管结构来提高比冲。这里在小组讨论时就要适时进行正确的引导,因为课前布置学生查阅了神舟飞船逃逸塔研制过程的资料,所以学生对逃逸塔研制过程已经有所了解。

逃逸塔虽小,但结构形式复杂,改变结构非常困难,位于陕西省的航天科技四院从 20 世纪 90 年代就开始研制逃逸塔,为了保护逃逸塔后返回舱内的航天员,喷管不能做成向后直接喷射燃气流的普通形式喷管,只能采用拐弯式的特殊结构喷管,这种特殊喷管结构内流场十分复杂,这就造成了逃逸塔地面试车中多次出现了喷管烧穿现象。而航天工作者发扬特别能吃苦、特别能战斗、特别能奉献、特别能攻关的航天"四特"精神,通过攻关—试验—失败—改进—试验—失败—攻关……反复多次,经过多年的研制,才形成了逃逸塔现在这样一个能够稳定工作的结构(见图 1-3-3)。可见,改变逃逸塔发动机结构提高比冲代价太大,时间太长,得不偿失,为了提高逃逸塔比冲,只能从推进剂性能着手。在这部分内容的教学过程中,又隐藏了航天"四特"精神宣扬的暗线。

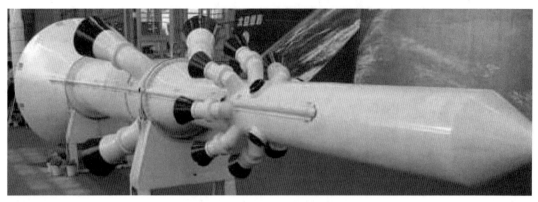

图1-3-3 神舟飞船的逃逸塔

案例四：热力计算基础

一、教学目标

1. 知识目标

能够根据热力计算的任务进行假定化学式的计算，在质量守恒定律和能量守恒定律的基础上建立质量守恒方程和能量守恒方程，在理解化学平衡的概念基础上建立化学平衡方程。

2. 能力目标

培养学生透过现象看本质以及运用分析、归纳、总结等科学思维和解决问题的能力。

3. 价值目标

学会由果索因的逆向思维探究方法；在能量守恒定律中获得启迪，用努力奋斗的汗水铸就辉煌成功的喜悦；体会跳出禁锢束缚，开辟新的思路解决问题的方法。

二、教学内容

在火箭发动机的设计阶段，要对发动机性能进行预估，需要计算表征发动机性能的4个主要性能参数：比冲、特征速度、推力系数和喷管排气速度。而这4个性能参数计算所涉及的8个热力参数，需要通过热力计算求得。本节课讲述热力计算的基本概念，包括热力计算的目的与步骤、推进剂假定化学式的计算、质量守恒方程和能量守恒方程的建立以及化学平衡方程的建立。

三、教学实施

本节课采用由果索因的逆向思维方法，由计算表征发动机性能的4个主要性能参数出发，倒推出热力计算的目的与步骤，授课以讲述为主，由于教学内容与化学热力学相关，学生会稍感生疏,理解起来有难度,所以多采用启发式、问题导引式教学方法,辅以多媒体的教学手段进行授课,力求在有限的学时里,让学生对知识的理解实现最大化。

1. **预习**

热力计算的任务与基本概念。

2. **教学过程**

(1)引入。在火箭发动机的设计阶段,推进剂配方选定之后,需要预估发动机的性能,看是否满足总体设计部门提出的性能指标要求,引出本节教学内容。

(2)热力计算的目的与步骤。

1)热力计算的必要性。

A.热力计算的时机:火箭发动机的设计阶段。

B.已知条件:①推进剂成分,各组元成分及其质量分数;②发动机工作压强,根据质量比冲量最大的原则及保证装药正常燃烧和工作时间的条件下确定;③推进剂初温及喷管出口压强。

目的:求发动机性能参数,包括特征速度、排气速度、比冲、推力系数。

这里要说明在火箭发动机的诸多性能参数中,为什么要求这 4 个性能参数。

$$C^* = \frac{\sqrt{R_c T_p}}{\Gamma}$$

$$u_e = \sqrt{2(I_c - I_e)} = \sqrt{2c_p(T_c - T_e)}$$

$$I_{sp} = u_e + \frac{R_{ce} T_e}{u_e}\left(1 - \frac{p_a}{p_e}\right)$$

$$C_F = \frac{I_{sp}}{C^*}$$

这 4 个性能参数计算公式中的 R_c、T_p、k、I_c、I_e、T_e、c_p、R_{ce} 需要通过热力计算求得。

2)热力计算的步骤:①推进剂假定化学式与总焓计算;②燃烧室中的温度、成分及其他热力参数计算;③喷管出口处的温度、成分及其他热力参数计算;④发动机理论性能参数计算。

(3)推进剂假定化学式的计算。

将成分复杂的推进剂(1 kg)看成一种假想的由基本的化学元素组成的单一化学物质。单一化学物质的化学式叫作推进剂的假定化学式。

$$C_{N_C} H_{N_H} \cdots O_{N_O} Cl_{N_{Cl}} N_{N_N}$$

计算步骤:组元一般化学式→组元比分子式→假定化学式→检验。

1)组元的一般化学式(1 mol),表示 1 mol 组元所含元素的量 $C_C H_H \cdots O_O Cl_{Cl} N_N$。

2)组元的比分子式(1 kg)。表示 1 kg 组元所含元素的量 $C_c H_h \cdots O_o Cl_{cl} N_n$。

3)实例分析:

$$NH_4ClO_4(80\%) + C_{23}H_{28}O_4(20\%)$$

一般化学式:H_4O_4ClN 和 $C_{23}H_{28}O_4$。

比分子式:$H_{34.1880}O_{34.1880}Cl_{8.5470}N_{8.5470}$ 和 $C_{62.500}H_{76.0869}O_{10.8695}$。

假定化学式：$C_{12.5} H_{42.5678} O_{29.5243} Cl_{6.8376} N_{6.8376}$。

验算：

$$\sum_{j=1}^{l} N_j A_j = 12 \times 12.5 + 1 \times 42.5678 + 16 \times 29.5104 + \\ 35 \times 6.8376 + 14 \times 6.8376 \\ = 999.7766 (\approx 1000)$$

(4) 质量守恒方程与能量守恒方程的建立。

1) 质量守恒原理。化学反应前、后各元素的原子总数保持不变。根据质量守恒定律，燃烧前、后各元素的物质的量(mol)应相等，由此可列出各元素的质量守恒方程。

2) 实例。

推进剂元素(6种)：C、H、O、N、Cl、Al。

燃烧产物(17种)：CO_2、CO、H_2O、H_2、O_2、OH、N_2、NO、HCl、$Al_2O_3(s)$、$AlCl$、Al_2O、H、O、N、Cl、Al。

假定化学式：$C_{N_C} H_{N_H} O_{N_O} N_{N_N} Cl_{N_{Cl}} Al_{N_{Al}}$

$$\begin{cases} N_C = n_{CO_2} + n_{CO} \\ N_H = 2n_{H_2O} + 2n_{H_2} + n_H + n_{OH} + n_{HCl} \\ N_N = 2n_{N_2} + n_N + n_{NO} \\ N_O = 2n_{CO_2} + n_{CO} + n_{H_2O} + 2n_{O_2} + n_{OH} + n_O + n_{NO} + 3n_{Al_2O_3(s)} + n_{Al_2O} \\ N_{Cl} = n_{HCl} + n_{AlCl} + n_{Cl} \\ N_{Al} = 2n_{Al_2O_3(s)} + 2n_{Al_2O} + n_{AlCl} + n_{Al} \end{cases}$$

3) 能量守恒方程。能量守恒原理：推进剂燃烧前、后的能量保持守恒，也就是推进剂的总焓等于燃烧产物的总焓，即

$$I_p = I_c$$

(5) 化学平衡方程的建立。

可逆反应：

$$aA + bB + \cdots \Leftrightarrow gG + hH + \cdots$$

正向反应速度：

$$u_f = K_f C_A^a C_B^b \cdots$$

逆向反应速度：

$$u_b = K_b C_G^g C_H^h \cdots$$

平衡时：

$$u_f = u_b$$

平衡常数：

$$K_c = \frac{K_f}{K_b} = \frac{C_G^g C_H^h \cdots}{C_A^a C_B^b \cdots}$$

1) 用气体分压表示的理想气体的平衡常数。状态方程代入：

$$p_iV=n_iR_0T \rightarrow C_i=\frac{n_i}{V}=\frac{p_i}{R_0T} \rightarrow K_c=\frac{K_f}{K_b}=\frac{C_G^g C_H^h \cdots}{C_A^a C_B^b \cdots}$$

得

$$K_c=\frac{p_G^g p_H^h}{p_A^a p_B^b}(R_0T)^{(a+b+\cdots)-(g+h+\cdots)}$$

令

$$v=(g+h+\cdots)-(a+b+\cdots), \quad K_p=\frac{p_G^g p_H^h \cdots}{p_A^a p_B^b \cdots}$$

则

$$K_p=K_C(R_0T)^{\Delta v}$$

2）用气体物质的量(mol)表示的平衡常数。由混合气体的道尔顿定律

$$K_p=K_C(R_0T)^{\Delta v}$$

得

$$K=\frac{n_G^g \cdot n_H^h \cdots}{n_A^a n_B^b \cdots} \cdot \left(\frac{p}{n_g}\right)^{\Delta v}$$

这是用气体物质的量(mol)表示的平衡常数，称为化学平衡方程式。

3. 小结

知识小结：本节课阐明了热力计算的目的与步骤；将成分复杂的推进剂（1 kg）看成是一种假想的由基本的化学元素组成的单一化学物质，叫作推进剂的假定化学式，并说明了如何进行假定化学式的计算；根据质量守恒定律，燃烧前、后各元素的摩尔数应相等，建立了质量守恒方程；根据能量守恒定律，推进剂燃烧前、后的能量保持守恒，建立了能量守恒方程；根据化学平衡状态，建立了化学平衡方程。

方法小结：本节课的教学，采用了逆向思维的由果索因方法说明了热力计算的目的，采用分层直叙的方法说明了推进剂假定化学式的计算，建立了质量守恒方程、能量守恒方程和化学平衡方程。

四、课程思政元素融入

1. 逆向思维的由果索因

本节课的讲授与学习，如果按照以往教学内容及教材的顺序平铺直叙进行，一开始就讲授热力计算步骤及基本概念，学生可能会不明白热力计算的目的是什么，为什么要进行热力计算，从而降低学习兴趣，影响学习效果。

因此本节课以上一章火箭发动机的主要性能参数为基础，讲述热力计算是在发动机设计阶段，要对发动机性能进行预估，需要计算表征发动机性能的4个主要性能参数：比冲、特征速度、推力系数和喷管排气速度。然后，分别列出这4个性能参数的计算公式，分析这4个性能参数计算公式中所涉及的8个热力参数，需要通过热力计算求得，由果索因，再过渡到热力计算基本概念讲述，让学生清楚地明白热力计算的任务和内容，达到较好的学习效果。

本节课的学习,除了要求学生掌握所学知识内容,还要让学生在根据热力计算求解表征火箭发动机的主要性能参数的学习过程中,学会由果索因的逆向思维探究方法。

2. 能量守恒定律的启迪

能量守恒定律是自然界中最重要的普遍规律之一,是人们认识自然和利用自然的有力武器。能量守恒定律不仅可以作为探索解决物理问题的工具,也可以给予我们很多思维上的启迪。自然界中物质所具有的能量既不能被创造,也不会被消灭,而只能从一种能量型态转换为另一种能量型态,转换中能量的总量保持不变。

这也就是说,人生之路起起伏伏的常态意味着成功的背后隐藏着失败,而失败同样能够铸就成功。事业上取得成就的人,我们不能只是看到他呈现在人们眼前的光辉,还要看到他在背后辛苦、努力的样子,更要看到他在成功之前所遭受的多个失败,正是失败的辛酸与努力的汗水,才造就了他成功的辉煌。失败与成功的转换不就正好符合能量守恒定律中"能量只能从一种能量型态转换为另一种能量型态,转换中能量的总量保持不变"这个规律吗?

人前显赫人皆羡,历尽辛酸始知味。我们经过努力,身体所具备的能量就变成了挥洒的汗水,而一次又一次的努力,让我们积攒了足够的经验,这部分汗水所代表的能量就又会开始进行转移,从而给我们带来成功的收获,所有的付出都会有一个好的结果,因为能量是不会凭空消失的,你的努力也不会白费,终将会转换为成功的辉煌展现在人们眼前。

人生有得就有失,有输就有赢,我们既要学会做加法,同时也要学会做减法,保持能量守恒,保持自我的动态平衡,以健康的心态迎接人生的风风雨雨,追求美好的生活,建设美丽的祖国。

3. 跳出禁锢束缚,开辟新的思路解决问题

热力计算中的质量守恒方程,是以推进剂中各元素的量与燃烧产物中各元素量相等为基础建立的,质量守恒方程的建立跳出推进剂中各组元具体分子结构的束缚,而是把推进剂看成由各个单一元素组成的物质,这些元素存在于各种燃烧产物之中。这样不仅使问题简化,同时也提供了求解燃烧产物成分物质的量(mol)的解法。这种质量守恒方程的建立方法也给了我们一个启迪,当遇到困难一筹莫展时,可以试一试跳出各种束缚,开辟新的思路来解决这个问题。

案例五:固体火箭推进剂

一、教学目标

1. 知识目标

阐述双基、复合、改性双基推进剂的基本组成和特点,说明不同的固体火箭发动机采用不同的固体推进剂的原因。

2. 能力目标

培养学生理论与实践相结合、学以致用地来解决问题的能力。

3. 价值目标

学习党的二十大精神,坚定"四个自信",弘扬大国工匠精神。

二、教学内容

固体火箭推进剂作为固体火箭发动机的能量源和质量源,必须满足能量特性的要求、力学性能要求、燃烧性能要求和稳定性能要求。固体火箭推进剂按照不同的分类方法可以分成不同的种类,最常用的分类方法是按照推进剂的细微结构,将固体推进剂分成均质推进剂和异质推进剂。均质推进剂的典型代表有双基推进剂,异质推进剂的典型代表有复合推进剂和改性双基推进剂。双基推进剂以硝化纤维素和硝化甘油为基本组元,复合推进剂有氧化剂、黏合剂和金属燃料三种基本组元,改性双基推进剂是在双基推进剂的基础上加入某些异质成分来改善双基推进剂的性能。

三、教学实施

本节课采用比对的方法,比对三种不同型号固体发动机的用途,结合双基推进剂、复合推进剂及改性双基推进剂的组成与特点,说明为什么不同的固体发动机采用不同的固体推进剂,使得教学内容更加形象生动,学生更容易理解。

1. 预习

查阅专业书籍,查阅三种不同型号发动机所使用的固体推进剂类型。

2. 教学过程

(1)引入。本节课通过三种不同型号的固体发动机使用不同类型的固体推进剂引出教学内容;同时提出问题:不同的固体推进剂的组成及特点是什么?为什么不同的固体发动机采用不同的固体推进剂?留下悬念,要求学生在课程知识中寻找答案;吸引学生注意力,提高学生对本节课的学习兴趣。

(2)概述。固体推进剂是一种以高分子为基具有特定性能并能够燃烧产生气体的致密含能复合材料,固体推进剂制成的主装药是固体火箭发动机的重要组成部分。

1)固体推进剂应满足的基本要求:①固体推进剂必须具有足够高的能量;②固体推进剂要能形成药柱,必须具有必要的力学性能,以保持药柱的完整性;③要求固体推进剂的燃烧性能好;④要求固体推进剂性能稳定。

2)固体推进剂的分类。

按照推进剂的细微结构,将固体推进剂分成均质推进剂和异质推进剂。均质推进剂的典型代表有双基推进剂,异质推进剂的典型代表有复合推进剂和改性双基推进剂。

3)固体推进剂的发展简史。

(3)双基推进剂。

双基推进剂是以硝化纤维素和硝化甘油为基本组元的均质推进剂。其中硝化纤维素作为推进剂的基体,由硝化甘油作为溶剂将其溶解塑化,形成均匀的胶体结构。此外,为改善推进剂的各种性能,还加入少量的各种不同的添加成分。

1)硝化纤维素(NC)。硝化纤维素又称为硝化棉,是双基推进剂中的基体组分,其质量分数为50%~60%。硝化纤维素是棉纤维或木纤维的大分子在硝酸和硫酸的混酸中硝化而成的。

硝化棉本身能单独燃烧甚至爆轰,放热量随含氮量的增加而增加,其对硝化甘油的溶解度随含氮量的增加而减小,干燥硝化棉敏感易燃,在湿润状况或浸泡在水中保存。

2)硝化甘油(NG)。硝化甘油是猛炸药,对撞击、振动敏感。硝化甘油富氧,能量高,与硝化棉形成均质固态溶液,是稳定的推进剂。温度过低,过多的硝化甘油会汗析出来。硝化甘油可增加硝化棉的柔性和可塑性,使推进剂易于加工成型,固化后具有一定力学性能,质量分数为20%~40%,极限质量分数不超过45%。

3)添加剂。为改善推进剂的各种性能,还加入少量各种不同的添加剂。

A. 助溶剂:增加硝化棉在硝化甘油中的溶解度,与硝化甘油互溶形成混合溶剂,防止硝化甘油汗析。

B. 增塑剂:能增加药柱的弹性和降低对爆轰的敏感度,提高低温力学性能,也是硝化棉的助溶剂,质量分数小于3%,对能量贡献小。

C. 化学安定剂:为了提高双基推进剂贮存期中的化学安定性,即减缓和抑制硝化纤维素和硝化甘油的分解。

D. 燃烧稳定剂:为改善燃烧特性、提高燃烧完善程度而添加,用来增加低压下的燃烧稳定性,常用有氧化镁(与金属燃烧剂相近的成分)。

E. 燃速调节剂:起催化作用,有增速和降速两类。

4)双基推进剂的特点。燃烧产物的无烟性,燃烧稳定。但这种推进剂也具有缺点,比冲很低,装药尺寸受到了限制。

这里第一次回答第一个问题:不同的固体推进剂的组成及特点是什么?同时,根据双基推进剂的特点第一次回答第二个问题:为什么不同的固体发动机采用不同的固体推进剂?

(4)复合推进剂。复合推进剂由氧化剂、金属燃料和高分子黏合剂为基本组元组成,再加上少量的添加剂来改善推进剂的各种性能。其中氧化剂和金属燃料都是细微颗粒,共同作为固体含量充填于黏合剂基体之中,形成具有一定机械强度的多组元均匀混合体。

1)氧化剂。氧化剂提供燃烧所需要的氧,是主要能源,质量分数达到60%~80%。高氯酸铵(AP)是目前应用最为普遍的氧化剂,优点是气体生成量大,生成焓高,相容性好,成本低,能大量生产,性能较为全面;缺点是含氧量一般,有原子量较大的氯原子。

2)黏合剂。黏合剂是作为弹性基体,黏合氧化剂和金属燃料等固体粒子,使推进剂成为具有必要力学性能的完整结构,其质量分数小于20%,也是主要能源和工质源。现代复合推进剂多采用各种高分子胶一类的化合物作为黏合剂。

3)金属燃料。金属燃料的优点是热值高、密度大,凝相产物粒子抑制高频不稳定燃烧;缺点是在喷管中形成二相流动,烧蚀作用。要求金属燃料具有与其他组元相容性好,耗氧量低的特性。用铝作为金属燃料虽然热值低,但因其耗氧量低、价格低、对比冲提高有显著作用而被广泛使用。

4) 添加剂。

A. 固化剂：作用是使黏合剂组元的线型预聚物转变成适度交联的网状结构的高聚物，形成基体，实现固化。

B. 交联剂：主要用来形成三维空间交联，使黏合剂成为三维网状结构，防止塑性流动。

C. 固化促进剂：用来促进某一固化反应，它本身有时也参与固化反应，但主要是调节固化反应的速度与程度。

D. 增塑剂：降低未固化推进剂药浆的黏度，增加其流动性，以利于浇铸；降低推进剂的玻璃化温度，提高其低温力学性能。

5) 制造工艺。

6) 复合推进剂的特点：力学性能好，比冲高，便于浇铸，装药尺寸大。

这里第二次回答第一个问题：不同的固体推进剂的组成及特点是什么？同时，根据复合推进剂的特点第二次回答第二个问题：为什么不同的固体发动机采用不同的固体推进剂？

（5）改性双基推进剂。改性双基推进剂是在双基推进剂的基础上增加氧化剂组元和金属燃料以提高其能量特性，结构上：以双基组元作为黏合剂。

这里第三次回答第一个问题：不同的固体推进剂的组成及特点是什么？同时，根据改性双基推进剂的特点第三次回答第二个问题：为什么不同的固体发动机采用不同的固体推进剂？

3. 小结

知识小结：本节课阐明了固体火箭推进剂的基本要求以及固体火箭推进剂的分类和发展史，说明了双基推进剂的组成和特点、复合推进剂的组成和特点、改性双基推进剂的组成和特点以及三个不同型号固体发动机分别采用不同类型推进剂的原因。

方法小结：本节课理论紧紧联系实际，以问题为导引，围绕"不同的固体推进剂的组成及特点是什么？""为什么不同的固体发动机采用不同的固体推进剂？"展开教学，在回答这两个问题的过程中，对固体火箭推进剂的相关概念进行诠释。

四、课程思政元素融入

1. "四个自信"和党的二十大精神融入

从固体推进剂的发展史可以看出，固体推进剂起源于我国的四大发明之一火药。火药是中国古代劳动人民长期经验的积累和智慧的结晶，是对人类文明做出的巨大贡献，这说明我国有着悠久的历史文明，作为中华儿女，这是值得我们自豪的，我们要热爱祖国，为我国的文明富强做出贡献。

虽然近代我国在工业、科技等方面有所落后，但新中国成立以来，在党的领导下，全国各族人民团结在一起，克服各种困难，共同努力奋斗，使得社会主义建设事业的各个方面蓬勃发展，航天事业蒸蒸日上。这一切都说明，我们要坚定中国特色社会主义道路自信、理论自信、制度自信、文化自信。我们要深入学习贯彻习近平新时代中国社会主义思想,弘扬伟大建党精神,自信自强、守正创新、踔厉奋发、勇毅前行,为全面建设社会主义现代化国家、全面推进中华民族伟大复兴而团结奋斗。

2. 大国工匠精神融入

固体推进剂浇铸到发动机壳体内形成了药柱,而药柱制造的最后一道工序就是药面整形,这是一项极其危险的工作,是到目前为止仍然无法用机器代替的世界性难题。为了精准达到发动机推进剂燃面的尺寸和精度,该工作必须由手工来完成。

航天科技集团7416厂徐立平就是从事这种危险工作的火药"雕刻师",由于浇铸成形后的药柱表面需要用刀具整形,而刀具在复杂的药面结构操作中很容易与壳体摩擦起火星,进而引发严重事故,因此人们把这项工作称为在刀尖上跳舞。我国固体火箭发动机领域的专家侯晓院士形容这项工作:"就像一个人去擦火柴,每次必须擦上,但是不能擦出火星,一旦擦出火星,后果就不堪设想。"

徐立平子承母业,从19岁就开始这项工作,直到现在的年过半百,在这30多年时间里,他苦练下刀的力度、角度以及切削的准度,达到了一刀准的程度。0.5 mm,是国际通用固体发动机药面精度允许的最大误差,而经徐立平雕刻出来的药面,误差不超过0.2 mm。这30多年时间里,徐立平也曾与死神擦肩而过。一次修药时的不慎,刀具与金属壳体碰撞擦除的火花使得发动机剧烈燃烧,烧毁了整个车间,与他同时进厂的一位同事当场牺牲,每次提及这次事故,徐立平都不禁哽咽,但他从来都没有退缩,一直兢兢业业,在本职工作上埋头苦干,在平凡的岗位上做出了不平凡的事迹,他先后获得"时代楷模""感动中国""大国工匠"等称号。

同学们作为军校学生,要学习徐立平的这种精神,学习他30多年如一日,不惧危险、不怕吃苦、耐得住寂寞,在平凡的岗位上做出了不平凡的事迹,为航天和国防事业做出了巨大的贡献。同学们要把这种精神化为动力,培塑自己的吃苦精神、拼搏精神、进取精神和战斗精神。

案例六:燃气流动基本方程

一、教学目标

1. 知识目标

说出燃气在燃烧室中流动的特点,能够根据物理实质建立一维加质非定常流动基本方程和工作阶段准定常流动的基本方程。

2. 能力目标

培养学生抓住事物的本质进行科学抽象,探究物理实质的数学模型,进而解决问题的能力。

3. 价值目标

领悟通过合理假设,抓住事物主要矛盾,简化次要矛盾,揭示事物基本规律的唯物辩证法原理;培塑自强不息、奋发努力的意志品质,以及振兴我国航天、军事科技事业的奋斗精神;体悟甘为人梯、奖掖后学的境界,培养良好的品德情操。

二、教学内容

本章主要研究燃烧室内燃气流动规律,而本节课就是建立燃烧室内燃气流动基本方程,为研究燃烧室内燃气流动规律做好铺垫。通过分析燃烧室内的工作过程,阐述燃烧室内燃气流动特点,给出燃烧室内燃气流动分析时的基本假设;通过物理实质及详细分析,分别推导燃烧室内燃气一维加质非定常流动的质量守恒方程、动量守恒方程、能量守恒方程、状态方程和几何燃烧方程,并通过比较分析,给出工作阶段燃烧室内燃气一维加质准定常流动的基本方程;分析比对燃气在燃烧室内流动和在喷管内流动的异同点,加深学生对燃气流动规律的认识。

三、教学实施

本节课是讲解第7章燃烧室内燃气流动规律的第一节燃气流动基本方程,建立燃气流动基本方程是研究燃烧室内燃气流动规律的基础。本节课采用师生互动、情景代入、案例解析等教学形式,运用问题导引、小组讨论等教学方法,逐层递进,并结合多媒体以及板书等教学手段进行授课。

1. 预习

课前查阅"大力神4"(Titan4)运载火箭的改进型捆绑助推器"SRMU"固体火箭发动机首次点火失败资料。

2. 教学过程

(1)引入。结合图片和数据,从燃烧室内燃气流动异常导致"大力神4"(Titan4)运载火箭固体助推器爆炸,即对燃烧室内燃气流动规律分析不够透彻,从而使发动机设计不够完善出发,说明研究燃烧室内燃气流动规律的重要性。既然燃烧室内燃气流动规律的研究是非常有必要的,那么提出问题:燃气在燃烧室内的流动与在喷管内的流动有什么异同点?如何研究燃烧室内燃气流动规律?引出本节教学内容。

(2)燃烧室燃气流动特点及假设。分析固体火箭发动机工作过程,阐明燃烧室内燃气流动特点。采用小组讨论的方法,对比喷管内燃气流动,讨论结束先由小组代表说明燃气在燃烧室内的流动与在喷管内的流动的异同点,再由教师总结,理清学生思路,加深学生对燃气流动特点的认识。这样就回答了课前第一个问题:燃气在燃烧室内的流动与在喷管内的流动有什么异同点?

抓住影响事物发展的主要矛盾,忽略次要矛盾,化繁就简,对燃烧室燃气流动进行合理的基本假设。

1)燃烧和新生成燃气的加入瞬时完成；
2)新生成燃气与主流燃气；理想气体，无摩擦、无黏性，化学组分和热力性质完全一致，新生成燃气沿燃面的外法线方向加入主流燃气；
3)主流燃气的流动为一维流动；
4)忽略或简化燃速与压强和流速的耦合作用。

在基本假设的基础上，燃气在燃烧室内流动简化为一维加质非定常流动。

过渡 要研究燃烧室燃气流动规律必须建立燃气流动一维加质非定常流动基本方程。

(3)一维加质非定常流动基本方程的建立。微元体是燃烧室内燃气通道中的流动燃气团，轴线长度是微元距离，侧表面是燃烧表面。以微元体内的燃气作为研究对象，建立一维加质非定常流动基本方程，如图1-6-1所示。

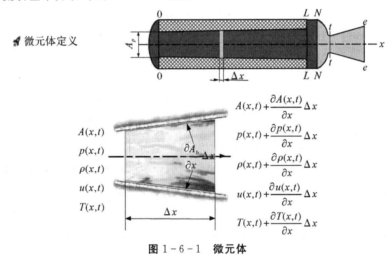

图1-6-1 微元体

1)质量守恒方程。根据微元体内燃气质量变化的物理实质建立质量守恒方程。

质量变化物理实质：

微元时间段内微元体燃气质量的变化量＝流进微元体燃气质量－
流出微元体燃气质量＋
推进剂燃烧添入燃气质量

在质量变化的物理实质中，分别用数学形式表示4个物理参量，再进行化简就得到质量守恒方程，即

$$\frac{\partial}{\partial t}(\rho A) + \frac{\partial}{\partial x}(\rho A u) = \rho_p r \frac{\partial A_b}{\partial x}$$

2)动量守恒方程。动量变化物理实质：

微元时间段内微元体燃气动量变化量＝质量变化引起的动量变化量＋压力冲量

质量变化引起的动量变化量包括进出口截面流入流出质量变化引起的动量变化量和新生成燃气加入引起的动量变化量。其中新生成燃气加入是以推进剂燃烧速度加入的，而推进剂燃速相比于燃烧室燃气流速非常小，有着数量级的差别，因此新生成燃气加入引起的动

量变化量可视为零,这样质量变化引起的动量变化量只包含进出口截面流入流出质量变化引起的动量变化量。

压力冲量包括进出口截面燃气压力冲量和微元体侧表面压力冲量的轴向分量。

把动量变化物理实质中的物理参量分别用数学形式表示,再进行化简就得到动量守恒方程,即

$$\frac{\partial}{\partial t}(\rho A u)+\frac{\partial}{\partial x}(\rho A u^2)=-A\frac{\partial p}{\partial x}$$

3)能量守恒方程。能量变化物理实质:

微元时间段内微元体燃气能量变化量＝质量变化引起的能量变化量＋外界做功引起的能量变化量

质量变化引起的能量变化量包括进出口截面流入流出质量变化引起的能量变化量和新生成燃气加入引起的能量变化量。

外界做功引起的能量变化量包括进出口截面燃气压力功和侧表面压力功。由于侧表面位移极小,所以侧表面压力功也可以忽略。

把能量变化物理实质中的物理参量分别用数学形式表示,再进行化简就得到能量守恒方程,即

$$\frac{\partial}{\partial t}\left[\rho A\left(e+\frac{u^2}{2}\right)\right]+\frac{\partial}{\partial x}\left[\rho A u\left(h+\frac{u^2}{2}\right)\right]=\rho_p r h_s\frac{\partial A_b}{\partial x}$$

4)状态方程。根据基本假设,燃烧室内燃气是理想气体,直接采用理想气体状态方程,即

$$p=\rho R T$$

5)几何燃烧方程。几何燃烧方程物理实质:

微元体体积变化量＝燃烧的装药体积

由此可得几何燃烧方程

$$\frac{\partial A}{\partial t}=r\frac{\partial A_b}{\partial x}$$

从而建立了燃烧室内燃气流动的一维加质非定常流动基本方程

$$\begin{cases}\dfrac{\partial}{\partial t}(\rho A)+\dfrac{\partial}{\partial x}(\rho u A)=\rho_p r\dfrac{\partial A_b}{\partial x}\\[4pt] \dfrac{\partial}{\partial t}(\rho u A)+\dfrac{\partial}{\partial x}(\rho u^2 A)=-A\dfrac{\partial p}{\partial x}\\[4pt] \dfrac{\partial}{\partial t}\left[\rho A\left(e+\dfrac{u^2}{2}\right)\right]+\dfrac{\partial}{\partial x}\left[\rho u A\left(h+\dfrac{u^2}{2}\right)\right]=\rho_p r h_s\dfrac{\partial A_b}{\partial x}\\[4pt] p=\rho R T\\[4pt] \dfrac{\partial A}{\partial t}=r\dfrac{\partial A_b}{\partial x}\end{cases}$$

这里提问:一维加质非定常流动基本方程怎样体现加质流动和非定常流动的特点?并对学生的回答进行归纳、总结,引导学生清晰认识一维加质非定常流动基本方程的特点。

在给定初始条件、边界条件的情况下,由一维加质非定常流动基本方程可以求得数值解。这样就回答了课前第二个问题:如何研究燃烧室内燃气流动规律?

过渡 燃烧室内燃气流动可以分为启动段和拖尾段两个瞬态过程以及工作段的准定常过程,那么有没有根据工作阶段的特点,针对工作阶段的燃气流动方程呢?这就是我们下面要讲的工作阶段一维加质准定常流动基本方程。

(4)工作阶段一维加质准定常流动基本方程的建立。如果流动诸参数随时间的变化并不剧烈,那么在每一个微元时间间隔 Δt 内,可视流动是不随时间而变的定常流动。但在不同的微元时间段 Δt 内的流动参数则不相等,称这样的流动为准定常流动,发动机工作阶段燃烧室燃气流动具有准定常流动特点。

$$\begin{cases} \dfrac{\mathrm{d}}{\mathrm{d}x}(\rho u A) = r\rho_\mathrm{p} \dfrac{\mathrm{d}A_b}{\mathrm{d}x} \\ \dfrac{\mathrm{d}}{\mathrm{d}x}(\rho u^2 A) = -A \dfrac{\mathrm{d}p}{\mathrm{d}x} \\ \dfrac{\mathrm{d}}{\mathrm{d}x}\left(h+\dfrac{u^2}{2}\right) = 0 \\ p = \rho R T \\ \dfrac{\mathrm{d}A}{\mathrm{d}t} = rs \end{cases}$$

从一维加质非定常流动基本方程(偏微分方程)出发,令质量守恒方程、动量守恒方程和能量守恒方程中对时间的偏导项为零,改写几何燃烧方程,可以得到工作阶段一维加质准定常流动基本方程(常微分方程)。

显然,一维加质准定常流动基本方程(常微分方程)要比一维加质非定常流动基本方程(偏微分方程)更容易求解,这样根据发动机工作阶段燃烧室燃气流动特点建立的一维加质准定常流动基本方程使得燃烧室燃气流动研究变得更为简便。

3. 小结

知识小结:本节课主要分析了燃烧室内燃气流动特点,在此基础上,由燃气流动实质出发建立了燃烧室内燃气流动的一维加质非定常流动基本方程,在给定初始条件、边界条件的情况下,由基本方程可以求得数值解。根据发动机工作阶段特点,建立针对发动机工作阶段较为简化的一维加质准定常流动基本方程,使得研究燃烧室内燃气流动规律更为简便和具有针对性,从而为药型设计和发动机性能预估提供依据。

方法小结:本节课的教学,启发学生理解数学形式是物理实质的表达,数学方程的建立是为了研究物理规律,只有将数学公式与物理意义很好地结合起来,才能更好地揭示事物的发展规律。

四、课程思政元素融入

1. 科学思维的融入

(1)燃烧室燃气流动是极为复杂的,如果按照实际情况,燃烧室燃气流动应为非一维加质二相耦合非定常流动,这样研究燃烧室燃气流动规律是极其困难的。不仅仅是本科学生知识储备不够,并且火箭发动机研究发展史上也是不能一蹴而就的,是不能跳过步骤而直接进行这么复杂的燃烧室燃气流动研究的。

唯物辩证法认为,在复杂事物发展过程中存在着主要矛盾和次要矛盾。在矛盾中起着领导、决定作用,规定、影响其他矛盾的存在和发展的矛盾就是主要矛盾,而其他矛盾则居于次要和服从的地位。只有集中力量找出主要矛盾,攻克主要矛盾,才能找到解决复杂问题的重点,达到纲举目张、掌控全局、以点带面、事半功倍的目的和效果。

对于纷繁复杂的事物发展规律研究,依据唯物辩证法,往往都是划分主要矛盾和次要矛盾,然后通过合理的假设,简化次要矛盾,抓住主要矛盾,化繁就简,先揭示事物基本发展规律,再把一些复杂的次要矛盾考虑进来,通过理论或试验的方法加以修正,从而全面揭示事物发展规律。燃烧室燃气流动研究同样要采用这种方法,通过合理建设,将实际的燃烧室燃气非一维加质二相耦合非定常流动可以简化看成是一维加质非定常流动,这样以本科学生的知识储备,也可以完成燃烧室燃气流动规律的研究了。

这部分内容讲述中,实际上就隐含了课程思政一条暗线,目的是要学生领悟通过合理假设,抓住事物主要矛盾,简化次要矛盾,揭示事物基本规律的唯物辩证法。

(2)燃烧室燃气流动一维加质非定常流动基本方程的建立,是首先明晰每个方程的物理实质,然后将物理实质中的量用数学形式表达,合并、化简以后就得到了所需要的方程。这种方程建立方法,在本门课程中又一次印证了数学形式是物理实质的表达,体现了数学形式和物理实质统一的科学思维。

2. 奋斗精神和品德情操培育融入

在给定初始条件、边界条件的情况下,通过一维加质非定常流动基本方程,可以求得数值解,这是固体火箭发动机内流场仿真方面的基本理论。我国在这方面基础理论研究深入不够、精细化数值计算精度较低,与国外先进水平存在差距,但是有差距并不可怕,新中国成立以来航天工作者艰苦创业,努力追赶世界先进水平,经过一代代人的努力拼搏,航天领域各个方面的差距逐渐缩小,某些方面甚至还达到了领先。通过这些航天事业发展的阐述,培养学生自强不息、奋发努力的意志品质,以及振兴我国航天、军事科技事业的奋斗精神。

我国在固体火箭发动机内流场仿真方面的研究大多集中在解决两相流、粒子团聚、流固耦合等复杂的发动机流场仿真问题中的某一点,而我们教研室牵头的173项目联合国内一些科研院所,力求在这些基础理论研究方面搭起一个整体框架,进行系统研究,解决单打独斗、研究不深的问题。在这些科研项目研究中,我们室的老教授为年轻教师铺路搭桥,引领他们开展科研工作并取得丰硕科研成果,通过这些身边事例的讲述,激发学生努力钻研的科学精神,体悟甘为人梯、奖掖后学的境界,培养学生良好的品德情操。

案例七：燃烧室压强稳定性

一、教学目标

1. 知识目标
说明燃烧室压强稳定性的含义,阐明燃烧室压强稳定性的条件。

2. 能力目标
培养学生运用燃烧室压强稳定性的条件分析解决工程实际问题的能力。

3. 价值目标
培塑抽丝剥茧,去伪存真、抓住事物本源的探究精神。

二、教学内容

本节课内容包括以下四个方面:①从平衡状态的两种情况对应给出压强稳定性两个方面的含义,从压强上升和下降时,燃气秒生成量和喷管秒流量之间的变化关系分析得出压强稳定性条件;②采用数学方法和曲线图说明装填参量一定时压强稳定性条件是 $n<1$(n 为压强指数);③采用曲线图说明装填参量变化时压强稳定性条件是 $n<1$;④结合实际,说明发动机工作过程中的压强稳定性,通过理论联系实际,让学生在一定程度上能够掌握运用基本理论分析解决工程实际问题的能力。

三、教学实施

引导学生了解各个内容之间的相互联系,并指出本节课的授课思路、重点和难点内容,给学生留下一个初步的印象,本节课的重点和难点都是装填参量一定时的压强稳定性条件。

1. 预习
课前查阅"大力神 4"(Titan4)运载火箭的改进型捆绑助推器"SRMU"固体火箭发动机首次点火失败资料。

2. 教学过程
(1)引入。结合图片和数据,通过"大力神 4"(Titan4)运载火箭固体助推器因燃烧室压强超过其额定工作压强,过压导致爆炸的典型事故提问:燃烧室压强的稳定性条件是什么?并引出本节授课内容。

(2)压强稳定性的含义及条件。

1)含义:①受到扰动,燃烧室压强能够自动恢复到原来的平衡状态压强;②在平衡状态改变时,燃烧室压强能够自动地趋近于新的平衡状态压强。

两个方面含义的相同点都是自动(趋势)。两个方面含义的不同点:含义①是原来的平衡状态压强,含义②是新的平衡状态压强;含义①对应的是静态平衡,含义②对应的是动态平衡。

2) 条件。从压强上升和下降两方面分析,可以得到燃烧室内压强稳定的条件为
$$\frac{\mathrm{d}\dot{m}_\mathrm{b}}{\mathrm{d}p_\mathrm{c}}<\frac{\mathrm{d}\dot{m}_\mathrm{t}}{\mathrm{d}p_\mathrm{c}}$$

过渡 虽然这个压强稳定性条件物理意义很明确,但是它好用吗?

通过提问与学生形成交流,在互动中引导学生明白流量相对于压强的变化率是很难计算出来的,必须寻找一个方便可用的、在发动机工作之前就能判定压强稳定性的条件。

过渡 这就是我们下面要讲的装填参量一定时的压强稳定性条件。

(3)装填参量一定时的压强稳定性条件。回顾装填参量定义,分析并得出结论,对于确定的发动机,装填参量一定意味着等面燃烧。

$$M=\frac{\sqrt{\chi}}{\varphi_2}c^*\rho_\mathrm{p}b\frac{A_\mathrm{b}}{A_\mathrm{t}}(装填参量)$$

将 $\dot{m}_\mathrm{b}=\rho_\mathrm{p}A_\mathrm{b}r$、$\dot{m}_\mathrm{t}=\dfrac{A_\mathrm{t}p_\mathrm{c}}{c^*}$ 代入流量表示的压强稳定性条件 $\dfrac{\mathrm{d}\dot{m}_\mathrm{b}}{\mathrm{d}p_\mathrm{c}}<\dfrac{\mathrm{d}\dot{m}_\mathrm{t}}{\mathrm{d}p_\mathrm{c}}$,可得 $n<1$,如图1-7-1所示。

压强指数 n 对于特定的推进剂来说是经验常数,那么在发动机设计之初,确定推进剂配方后,就可以通过药条的燃速测定试验,测定推进剂的压强指数,因此利用压强指数小于1这个压强稳定性判定条件,可以方便地在发动机设计之初,就能确定压强是否稳定。

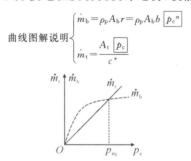

图 1-7-1 压强指数曲线图分析

通过曲线图分 $n<1$、$n=1$、$n>1$ 三种情况讨论压强稳定性,得出结论,只有 $n<1$,燃烧室压强才具备稳定性,如图1-7-2所示。

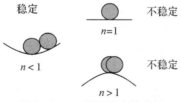

图 1-7-2 压强稳定性分析

将 $n<1$、$n=1$、$n>1$ 三种情况下的压强稳定性比喻成凹面、平面、凸面上放置的小球,使得压强稳定性更加容易理解。

这里回答课前所提问题:燃烧室压强的稳定性条件是什么? $n>1$(压强指数大于1),燃烧室压强绝对不稳定吗?

刚才分析问题是针对绝大多数正常工作压强范围的发动机,但对超高压强工作的发动机,就不能忽略新生成燃气质量对新增加自由容积的影响,这时生成燃气有一小部分充填新增加自由容积,剩余的才从喷管流出,如图 1-7-3 所示。

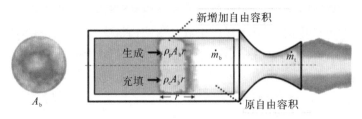

图 1-7-3 新增加自由容积对压强的影响

通过对超高压强工作的发动机分析,可以得出,这时压强稳定性条件是 $n < \dfrac{1}{1-\dfrac{\rho_c}{\rho_p}}$,也就是说对于超高压强工作的发动机,$n$ 稍大于 1,也可保持压强稳定性。

(4)装填参量变化时的压强稳定性条件。对于确定的发动机,装填参量变化意味着增面或减面燃烧。

如图 1-7-4 所示,通过曲线图分析,无论是增面燃烧还是减面燃烧,压强稳定性条件都是压强指数小于 1。

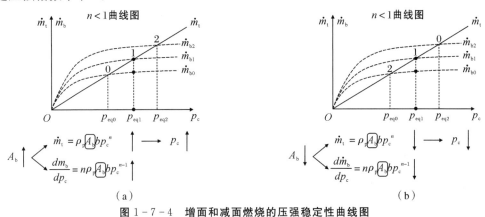

图 1-7-4 增面和减面燃烧的压强稳定性曲线图

(a)增面燃烧;(b)减面燃烧

装填参量一定,压强稳定性——自动恢复到原来的平衡状态,对应静态平衡。

装填参量变化,压强稳定性——自动趋近于新的平衡状态,对应动态平衡。

结合发动机工作过程中压强变化的三个阶段,归纳说明发动机工作过程中的压强稳定性。

燃烧室压强不稳定的后果:

1)压强不断上升,过压超过壳体承载能力,会导致爆炸,就像"大力神 4"(Titan4)运载火箭的固体助推器。

2)压强不断下降,燃烧室压强小于临界压强,就会导致发动机熄火。

3)压强不断振荡,是不稳定燃烧现象,会导致发动机不能完成预定飞行任务。

(5)拓展。

1)压强指数小于1是燃烧室压强稳定的必要条件而非充分条件。

2)其他一些特异情况有可能造成压强不稳定。

3)新型高能推进剂的推广使用以及高压强发动机走上航天舞台,使得压强稳定性研究重新成为热点。

3. 小结

知识小结:本节课围绕燃烧室压强稳定性进行分析,从燃气质量秒生成量和喷管秒流量的变化,说明了以流量变化率表示的压强稳定性条件;从数学公式推导及曲线图两方面说明了方便可用的、在装填参量一定时,用压强指数表示的压强稳定性条件;通过曲线图说明了装填参量变化时的压强稳定性条件;结合实际,分析了发动机实际工作过程中的压强稳定性。

方法小结:本节课采用问题导引教学法,启发思考,通过设疑、解疑、引疑、解疑、留疑的递进式问题设置和解答,使学生对教学内容的掌握达到螺旋式上升,同时培养学生分析问题、解决问题的能力。采用比喻的方法将压强稳定性与压强指数的关系比喻成凹面、平面、凸面上放置的小球,使得压强稳定性更加容易理解。

四、课程思政元素融入

火箭发动机燃烧室压强稳定性的分析过程,就是不断地抽丝剥茧、去伪存真、抓住事物本源的深入探究过程。

(1)认识压强稳定性的含义。要分析燃烧室的压强稳定性,必须认识压强稳定性的含义,不仅要认识压强稳定性两方面的含义,更要明白两方面含义的联系与区别,在分析压强稳定性时才有根据和基础。

(2)初步分析压强稳定性条件。认识事物发展规律都是由浅入深、逐步递进的;分析燃烧室的压强稳定性,就直接从燃烧室压强变化开始着手。通过燃气秒生成量、喷管秒流量和燃烧室压强的关系,可以推导出用流量变化率表示的压强稳定性条件。这个稳定性条件直观、物理意义明确,很好理解,但是用这个稳定性条件作为依据去判断燃烧室压强是否稳定存在很大难度,所以它不好用,必须寻找一个方便可用的、在发动机工作之前就能判定压强稳定性的条件。

(3)寻找方便可用的压强稳定性条件。从流量变化率表示的压强稳定性条件出发,通过推导可得方便可用的压强稳定性条件是压强指数小于1。在发动机设计之初,确定推进剂配方后,可以通过药条的燃速测定试验,测定推进剂的压强指数,因此利用压强指数小于1这个压强稳定性判定条件,可以方便地在发动机设计之初,就能确定燃烧室压强是否稳定。

(4)找出压强稳定性的特殊情况。压强指数小于1的压强稳定性条件是针对绝大多数正常工作压强范围的发动机,但对超高压强工作的发动机,就不能忽略新生成燃气质量对新增加自由容积的影响,这时生成燃气有一小部分充填新增加自由容积,剩余的才从喷管流出。通过对超高压强工作的发动机分析,可以得出,压强指数稍大于1,也可保持压强稳定性。

(5)装填参量变化压强稳定性条件。方便可用的压强稳定性条件是在装填参量一定时推导的,装填参量变化时的压强稳定性条件还要具体分析。通过曲线图分增面燃烧和减面燃烧两种情况进行分析,装填参量变化时的压强稳定性条件还是压强指数小于1。

(6)发动机实际工作过程压强稳定性。结合发动机实际工作过程中的三个压强变化阶段,归纳说明发动机工作过程中的压强稳定性。

从本节课分析问题的过程可以看出,解决问题要善于从全局上观察问题,面对纷繁复杂的事物,一定要有全局观,对各种矛盾和困难做好心理准备。要善于把局部问题放到整体中加以思考,不要"只见树木,不见森林"。要善于把当前问题放在过程中加以思考,不要取得一点进展,就以为解决了问题。在本节课燃烧室压强稳定性的分析过程中,如果只停留在第(2)步,以为找到了压强稳定性判定条件,却不管这个条件的可用性,那么问题还是没有解决。在初步找到压强稳定性判定条件之后,要从全局角度观察,不能以点概面,要继续一步一步深入探索,所以本节课才会有后续的(3)~(6)步,一步比一步深入,一步比一步全面,一步比一步更接近于事物本源。因此本节课的学习,不仅仅要掌握所学知识内容,更要培塑抽丝剥茧、去伪存真、抓住事物本源的深入探究精神。

案例八:固体火箭发动机的结构设计

一、教学目标

1. 知识目标

阐述燃烧室应该满足的基本性能要求和燃烧室设计的主要内容,说明喷管应该满足的基本性能要求及喷管气动设计和喷管热防护设计的内容,阐明固体火箭发动机的点火装置应该满足的基本性能要求。

2. 能力目标

培养学生创新精神和实践的能力,培养学生深度学习的能力。

3. 价值目标

领悟唯物辩证法的系统观念;学习老一代固体火箭设计师忠诚报国、献身航天的坚定信念,攻坚克难、开拓进取、敢为人先、勇攀高峰的创新精神,忠诚事业、默默奉献的崇高境界。

二、教学内容

本节课内容包括三个方面:

(1)固体火箭发动机燃烧室设计。阐述了燃烧室应该满足的基本性能要求、燃烧室设计的主要内容、燃烧室壳体的结构和燃烧室壳体的热防护。

(2)固体火箭发动机的喷管设计。阐述了喷管应该满足的基本性能要求、喷管气动设计和喷管热防护设计。

(3)固体火箭发动机的点火装置设计。阐述了点火装置应该满足的基本性能要求、点火装置的分类、电发火管、点火药、点火药盒和点火发动机。

三、教学实施

本节课是在对固体火箭发动机基本理论有了系统认识之后,提纲挈领地讲述固体火箭发动机的关键部件类型及设计,学生对此会有些陌生,同时又很感兴趣。由于这部分内容是让学生产生一个概念性的认识,所以主要采用讲述的教学方法,讲述过程中较多地运用图片和照片来加强学生的感性认识。

1. 预习

在网上搜索各种类型固体火箭发动机关键部件的图片和照片。

2. 教学过程

(1)引入。回顾固体火箭发动机的装药设计内容,从固体火箭发动机的四个关键组成部件引入本节内容。

(2)固体火箭发动机的燃烧室设计。

1)对燃烧室的要求:①壳体必须有足够的刚度和强度;②结构质量要尽可能小,装填系数要高;③要有良好的连接可靠性、气密性和同轴性;④材料来源丰富同时还应具有良好的工艺性和经济性。

2)燃烧室设计的内容:①确定壳体的形状和结构、绘制草图;②选择材料;③壳体应力分析和强度校核;④依据设计草图来计算壳体质量;⑤根据设计草图和设计结果,绘制燃烧室壳体部件图,并拆绘零件、部件图;⑥制定壳体制造、试验、检验的技术条件等。

3)燃烧室壳体的结构。

A. 圆筒体。

· 金属筒体:旋压成形、热轧型材(或热冲压毛坯)、焊接成形,如图1-8-1所示。

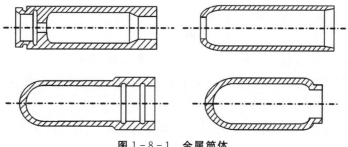

图1-8-1 金属筒体

· 复合材料缠绕结构:玻璃纤维、有机纤维、碳纤维。

· 双层材料结构：外层为薄壁金属壳体，内层为玻璃纤维缠绕的增强塑料。

B. 封头。封头的形式有平底封头、半球形封头、椭球形封头、碟形封头。

封头选择应考虑以下因素：质量轻、包络容积大、轴向深度小、制造简便成本低。

C. 连接结构：可拆和不可拆两种连接方式。

D. 密封结构：平垫圈、"O"形密封圈。

4）燃烧室壳体的热防护。

绝热层：低热导率、低密度、低弹性模量、适中机械强度、较高伸长率、良好相容性。

（3）固体火箭发动机的喷管设计。喷管应满足如下基本要求：①工作可靠；②效率高；③结构质量轻；④各部分同心度高；⑤结构工艺性好，成本低。

1）气动设计。

A. 非潜入式收敛段：收敛半角取值范围为 $30°\sim60°$。收敛半角减小，收敛段长度增大，结构质量增大，燃气质量和散热损失增大。收敛半角增大，喉部附面层厚度增大，产生颈缩现象，流量损失增大，烧蚀增大。

通常收敛半角取 $45°$。

B. 潜入式入口段：轴向截面为椭圆形，长短轴之比为 $3:2$，长轴取 $1\sim2$ 倍的喉部半径，入口段长度为 $1\sim2$ 倍的喉部半径，且椭圆中心在喉部截面上。

C. 锥形扩张段：扩张半角取值范围在 $6°\sim28°$。扩张半角减小，推力损失减小，扩张段长度增大，结构质量增大。

通常扩张半角取 $15°\sim17.5°$。

D. 钟形扩张段。钟形扩张段有两种造型方法：①双圆弧法，由两段圆弧构成；②抛物线法，由两段或三段抛物线构成。

2）喷管热防护设计。喷管喉部热环境最为恶劣，喉部所用材料有：热解石墨，碳/碳复合材料，难熔金属——钼、钨。

（4）固体火箭发动机的点火装置设计。对点火装置的基本要求：①良好点火性能；②可靠性高；③使用安全；④结构尺寸与发动机匹配；⑤检修方便；⑥成本低。

1）点火装置的分类。点火装置按点火能量形式分为：①热能——用炙热燃气，以辐射、对流和传导方式给药柱传热；②化学能——用化学物质，如 ClF_4 喷洒在药柱表面，产生自燃点火；③机械能——用摩擦和冲击点火。

常用的点火装置为热能点火装置包括两种方式：

· 二级点火：主要由电发火管和点火药盒组成。

· 三级点火：主要由电发火管、点火药盒、点火发动机组成。

2）电发火管。固体火箭发动机点火装置采用的发火管是电发火管，由电桥丝、热敏火药、防潮保护漆和引线组成。

3）点火药。对点火药的基本要求：①较高的能量特性，即燃烧温度高并含有适当比例的固体粒子；②良好的燃烧特性，即发火温度低，易于点燃；③较高的安全性，即贮存、运输、勤务处理时不易破坏发火，温度敏感性和吸湿性低，不宜氧化、变质；④生产成本低，原料来源丰富。

A. 黑火药。

组成:硝酸钾、木炭、硫磺。

B. 烟火剂:由氧化剂、燃烧剂和黏合剂组成的机械混合物。

自燃点火剂:ClF_4(液态)喷洒在药柱表面,产生自燃点火。

C. 固体推进剂。

4) 点火药盒。作用:存放点火药,并保护点火药不受损坏,还起密封防潮作用;点火药盒使点火药初始点燃(高空压强很低,密封保压)和燃烧时能保持一定的压强,并控制点火药燃气的流向。

5) 点火发动机。药柱采用大燃面、薄肉厚、高燃速的装药(如车轮型)。壳体材料采用轻合金或玻璃钢。

3. 小结

本节课围绕固体火箭发动机的关键部件及设计展开教学,从燃烧室设计的主要内容、燃烧室壳体的结构和燃烧室壳体的热防护几个方面说明了固体火箭发动机的燃烧室设计;从喷管气动设计和喷管热防护设计两个方面说明了固体火箭发动机的喷管设计;从点火装置的分类、电发火管、点火药、点火药盒和点火发动机几个方面说明了固体火箭发动机的点火装置设计。

四、课程思政元素融入

1. 唯物辩证法的系统观念融入

固体火箭发动机的关键部件都有多种类型或设计方案,不同类型或方案都有自己的优点和缺点,性能也有差异。是否将各个关键部件的最佳性能方案组合在一起,就能得到一个性能最优的固体火箭发动机设计方案呢? 显然不是的,固体火箭发动机作为一个复杂系统,各种关键部件彼此制约和影响,或者说存在耦合效应,设计过程中,各种关键部件之间的性能存在的矛盾冲突,需要设计人员从固体火箭发动机整体性能方面综合考虑,协调关键部件之间的矛盾冲突,从而得出一个最佳的最终方案,这其实就是唯物辩证法中系统观念的具体体现。

唯物辩证法认为,事物是普遍联系的,事物内部各要素是相互影响、相互制约的,整个世界是相互联系的统一整体,也是相互作用的系统,而系统观念就是自觉运用和体现这种整体性和相互联系性的思想意识。因此,本节课同学们不仅仅要掌握所学习的知识内容,还要深刻理解系统观念的内在含义,把握系统观念的内在要求,领悟其蕴含的马克思主义立场观点方法,又要不断锤炼自身哲学思维方式,自觉将这一原则运用到日常工作中,不断解决各类难题和挑战,为兴军强军,为中国特色社会主义事业的发展,为社会主义现代化国家的建设贡献自身的一份力量。

2. 攻坚克难、勇攀高峰的创新精神融入

黄纬禄,我国知名导弹专家,中国航天事业的奠基人之一,"两弹一星"功勋奖章获得者,

中国首型潜地固体战略导弹总设计师,首型陆基机动固体战略导弹总设计师。

20世纪七八十年代,在没有任何国外实物和资料可借鉴的情况下,他成功地领导和主持研制出了我国首型潜地固体战略导弹、首型陆基机动固体战略导弹,突破了水下发射、固体发动机研制、三轴稳定平台和运动基座上的调平及瞄准、导弹设计诸元的适时计算和装订、陆上机动车的研制发射等系列关键技术。这两型导弹填补了我国导弹与航天技术的空白,为我国继续发展固体战略导弹提供了理论和实际的可靠依据,他探索出了一条中国固体火箭与导弹发展的正确道路,为我国航天事业做出了卓越的贡献。

黄纬禄总是坚守在研制、试验、生产的第一线。在经费、技术以及其他各种条件极其有限的情况下,他脚踏实地、埋头苦干、敢于攻坚克难,创造性地提出利用南京长江大桥进行弹体入水的机构强度试验及入水深度试验,在节省了大量人力、物力的情况下,取得了令人满意的试验结果。

学习固体火箭发动机设计,不仅要学习课程知识,还要学习黄纬禄这样老一代航天工作者、老一代固体火箭设计师的忠诚报国、献身航天的坚定信念,攻坚克难、开拓进取、敢为人先、勇攀高峰的创新精神,忠诚事业、默默奉献的崇高境界。

案例九:液体火箭发动机的自动器

一、教学目标

1. 知识目标

说明自动器的功用与分类,阐明启动活门、关机活门的构造、工作原理和计算要点,阐述减压器的功用、分类、工作原理和特性。

2. 能力目标

培养学生自主学习、合作学习及探究学习的能力。

3. 价值目标

岗位职责意识培塑,团结协作精神培养。

二、教学内容

本节课内容包括四个方面:①自动器的功用和分类;②启动活门构造、功用与工作原理,启动活门性能计算要点;③关机活门构造、功用与工作原理,关机活门性能计算要点;④减压器的功用与分类、减压器的工作原理、减压器的特性。

三、教学实施

本节课在专业教室进行授课,依托启动活门、关机活门、减压器等实物教学示例品,采用小组讨论和翻转课堂的方法,由学生分析、研讨、讲述,自主完成以上三种自动器构造与工作原理的学习。而自动器的功用和分类、启动活门性能计算要点、关机活门性能计算要点、减压器的功用、分类及特性,由教师采用讲授的方法完成教学。

1. 预习

上一节课结束时,就将启动活门、关机活门、减压器等实物教学示例品放置在讲台,要求学生结合实物与教材,提前预习自动器的教学内容。

2. 教学过程

(1)引入。结合动画,回顾泵压式液体火箭发动机的工作过程,点出自动器在发动机工作过程中所起的作用,从而引入本节教学内容。

(2)自动器概述。

教学方法 教师讲述。

1)功用。自动器在液体火箭发动机系统中起监控作用,也就是检测、监测与控制。

2)分类。按照自动器功用的差异,其可以分为控制器、调节器和检测器(传感器)。

A.控制器:用于控制发动机的工作过程,主要指活门,如启动活门、关机活门、加泄活门、溢出活门、单向活门等。

B.调节器:用于调节系统介质参数,如气体减压器和气体稳定器、压调器和稳压器、安逸活门、气蚀文氏管等。

C.检测器:用于检测系统参数,如温度传感器、压力传感器、液位传感器、地面系统的流量计等。

(3)启动活门。

1)启动活门构造、功用与工作原理。

教学方法 这里采用小组讨论的方法,由学生按照分组,结合教学示例品实物与教材讨论学习启动活门构造、功用与工作原理,教师要实时观察小组讨论动态,在难点处、易混淆处及时给予引导。小组讨论结束,由一名代表发言,检验讨论学习成效,教师进行点评和指正。

启动活门由上壳体、下壳体、活门盘、活动打开机构和闭锁装置组成。

启动活门是一种膜片式常闭活门。它安装在泵前推进剂输送管路上。

当导弹处于加注待发状态时,用来隔开发动机腔和贮箱的通路;当发动机起动时,活门由电爆管控制打开,按预定的时间程序控制氧化剂和燃烧剂进入推力室燃烧。

导弹发射前将电爆管安装于启动活门的电爆管安装座上。在发动机点火起动之前,活门盘的周边压在上、下壳体之间,这样活门将贮箱内推进剂与发动机系统内腔隔开,活门处于常闭状态。此时,限位销顶在止动轴外圆柱面上,小弹簧受压缩,如图1-9-1所示。

当发动机起动时,安装在电爆管安装座上的电爆管通电工作,瞬间产生的高压火药燃气,作用在活塞上,活塞在高压火药燃气的作用下,猛然迅速地撞击在下活门盘的凸块上,使上活门盘从圆周一圈刻痕处(此处强度最差)撕开,于是整个活门盘在活塞撞击力作用下迅速打开。活门转到90°位置被止动轴左右的凸块挡住,此时限位销也随活门盘转动,且恰好落入止动轴中部的限位槽内,从而将活门盘锁死,使活门盘不能来回摆动,也不能复原关闭,因此启动活门是一次使用的活门。活门一旦打开,聚集在活门盘前面的推进剂组元迅速充填发动机腔道。

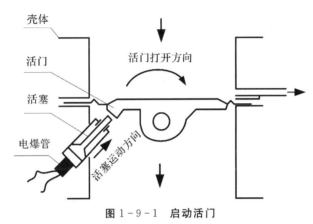

图 1-9-1 启动活门

2)启动活门性能计算要点:①计算膜片裂纹厚度;②膜片撕裂力矩与力计算;③电爆管产生的能量计算,保证膜片可靠撕裂;④膜片密封计算,包含螺栓的预紧力、螺栓的强度等。

[教学方法] 教师讲述。

(4)关机活门。

1)关机活门构造、功用与工作原理。

[教学方法] 小组讨论。

关机活门由活门本体、电爆组件、开启组件组成,如图 1-9-2 所示。

关机活门位于泵后推进剂输送管中,平时常开,发动机关机时,用来切断推进剂的通路。

平时,活门处于开启状态,也就是出厂时装配状态。此时齿条处在下死点位置,弹簧被压缩,获得预压力,齿条与轴的齿啮合。电爆组件的柱塞插入轴的右端半园形槽内,将常开的活门锁死并保持弹簧有一定预紧力,不能释放。此时弹簧要伸张,而柱塞阻止它伸张,两者的对立统一使活门处于常开状态,同时活门的平面与壳体的轴线成 2°~5°的夹角。由于活门呈开启状态,可使氧化剂流经活门到推力室去。

当导弹的制导系统发出关闭发动机主系统指令时,装在电爆组件上的电爆管通电起爆,产生高压燃气,通过电爆组件壳体上的小火药燃气孔,进入柱塞和压环之间的环形燃气腔。此燃气压力作用在柱塞上,使柱塞上的 0.25 mm 厚的凸肩撕裂,随着柱塞向右迅速运动,从而柱塞从轴右端的半圆形槽内拔出,于是弹簧解除了锁紧状态,弹簧立即伸张,把齿条向上推动,直线运动的齿条带动轴和活门转动;加之活门与轴有 3 mm 偏心,活门预装有 2°~5°的初始角,在液体冲击力的作用下,使活门与活门座迅速贴合,活门关闭。活门关闭时的状态。在活门关闭时,弹簧仍有一定预紧力,使后门关闭后不会发生自动打开现象,以确保活门可靠地关闭。

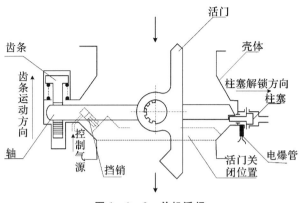

图 1-9-2 关机活门

在导弹发射不成功,紧急关机后,需泄出启动活门以下的组元或清洗液时,地面送来 15~20 MPa 的控制气源,经由接管嘴,推动挡销,挡销顶到活门的挡块上,使活门打开一定角度,组元或清洗液就可以由此而泄出。

2)关机活门性能计算要点:①电爆管点燃后压力计算;②柱塞安全性计算、柱杆安全性计算;③弹簧预紧力计算;④锁紧密封计算;⑤二次开启力矩计算。

教学方法　教师讲述。

(5)减压器。气体压力和流量调节器通常是将高压气体降为工作压力并稳定调压值称为气体减压器,简称减压器。

教学方法　教师讲述。

1)减压器分类。

A. 按敏感元件分类:

· 薄膜式减压器,适应于小流量。

· 柱塞式减压器,适应于大流量、出口压力高的情况,例如用于挤压式输送系统中的减压器。

· 膜盒式减压器,适应于大流量、出口压力低的情况。

B. 按性能分类:

· 不卸荷的正向减压器,这种减压器无高/低压卸荷装置,其活动部分都受到静出口压力的影响,故出口压力的偏差较大。所谓正向,即指高压气体作用在活门上的力的方向和活门打开的方向一致。此种减压器适用于流量小、出口压力精度要求不高的情况下。

· 不卸荷的逆向减压器,所谓逆向,是指高压空气作用在活门上的力和活门打开的方向相反。此种减压器也适应于流量小的情况下。

· 卸荷逆向减压器,这种减压器有高低压卸行装置,这种减压器出口压力偏差小、灵敏度高。

　　• 卸荷正向减压器。

　C. 按用途分类：

　　• 流量式减压器，工作时具有一定的流量，多用于挤压推进剂和增压贮箱。

　　• 指挥式减压器，用来操纵活门和调节器工作。

　D. 按减压器的构造分类：

　　• 一级减压器，高压气体经过一次减压；

　　• 二级减压器，高压气体经过二次减压。

　2) 减压器的工作原理。

教学方法　小组讨论。

节流作用：减压器的减压原理实质上是一个不可逆的膨胀节流过程。高压气体(实际气体)从高压腔经过一个狭窄的通气面积时，气体的压力下降，流速增加，高压气体的一部分势能转变成了气流动能，当流到低压腔时，流通截面又突然扩张，高速气体受到滞止，于是发生了撞击、涡流和摩擦，气体的一部分动能转变成了热能，这些热能又被气体所吸收。同时，气体进入低压腔后体积发生了膨胀，其密度减小，分子之间的距离增大，分子之间的位能增加，故在滞止过程中只有一部分动能又转变成了压力能，从而使减压器出口的压力降低到需要的值。

　　力的动态平衡：出口压力随入口压力变化、静态特性。

　　自我调节：出口压力有相对稳定性、动态特性。

　3) 减压器的特性。

$$P_2 = \frac{1}{A_3 + A_2 - A_1}[C_2 X_2 - C_1 X_1 - C_\Sigma h - (A_1 - A_2)P_1 + A_3 P_3]$$

3. 小结

知识小结：本节课围绕液体火箭发动机自动器展开教学，阐述了自动器的功用和分类；结合实物教学示例品，说明了启动活门构造、功用与工作原理，关机活门构造、功用与工作原理，减压器的工作原理；剖析了启动活门性能计算要点，关机活门性能计算要点，减压器的功用、分类及特性。

方法小结：本节课以小班教学为抓手，采用小组讨论、翻转课堂等教学方法，辅以实物教学示例品及多媒体的教学手段进行授课；注重引导学生根据自动器的功用，透彻分析自动器的复杂结构，探索自动器的工作原理，培养学生深研细钻、深入探究的为学精神。

四、课程思政元素融入

1. 岗位职责意识融入

启动活门、关机活门均为一次性工作的产品，二者内部的作动原件都是电爆管，电爆管是通电后经过一系列传爆,引燃内部猛炸药进行做功的驱动元件,是具有高度危险性的火工品,因此要求启动活门与关机活门应该具有非常高的可靠性。实际上整个液体火箭发动机也是一次性工作的产品,并且液体推进剂有毒、易燃,发动机工作时的不稳定有可能导致正常的燃烧转为猛烈的爆炸,可见我们专业的工作岗位是易燃易爆、高毒高危的岗位。

面对这样的工作岗位,同学们在课程学习中,不能只停留在课程知识学习的层面上,还要深刻体会融入在课程知识中的岗位任职素养,在课程设置的实践情景训练中,磨练自己面对危险、沉着冷静的心理素质,有意识地砥砺自己面对突发事件处变不惊的应对能力,综合提高自己作为火箭军未来骨干军官的基本素养,从而一体化地培养自己胜任火箭军部队发动机智能运维、导弹推进剂安全管理和应急处置等工作岗位的能力,为成为德才兼备的高素质专业化新型军事人才奠定扎实基础。

2. 团结协作精神融入

液体火箭发动机有多种类型的自动器,在液体火箭发动机的各种组成部件中,不仅仅自动器类型繁多,其他部件也各有分类,这些不同的部件在液体火箭发动机工作过程中发挥着各自的作用。液体火箭发动机是一个复杂的系统,之所以能够正常运转,是各个部件在发挥本身效能的同时,协调运作的结果。同学们还有不到一年的时间,就要走上工作岗位,而火箭军千人一杆枪,导弹发射更是一个庞大复杂的系统工程,同学们在今后的工作岗位上,只会负责其中某一个单元、某一个子系统或某一段工作过程。为了导弹成功发射,同学们不仅仅要立足本职岗位,苦学、苦练岗位技能,同时还要有意识地锻炼自身的沟通能力、团结协作的能力。

团结协作是一切事业成功的基础,个人和集体只有依靠团结的力量,才能把个人的愿望和集体的目标结合起来,超越个体的局限,发挥集体的协作作用。因此,自动器的学习,除让我们认识自动器的功用、构造与工作原理之外,还要让我们认识到团结协作的重要性。大家一定要牢记,集体的力量远大于个人力量之和,团结协作的本质是共同奉献,它不仅可以提升工作效率和工作质量,而且可以激发人们的进取精神,推动协作和团结。团结协作是实现个人和社会崇高目标的重要手段,只有通过团结协作,我们火箭军才能千人擎起一杆枪,才能圆满完成导弹发射任务,才能承担起保家卫国重任。

案例十:液体火箭发动机的涡轮泵

一、教学目标

1. 知识目标

说出涡轮泵的基本组成、总体方案以及液体火箭发动机选用离心泵作为主泵的原因,根据泵的基本方程说明几何形状和尺寸对泵扬程的影响。

2. 能力目标

培养学生理论联系实际、运用理论分析解决工程实际问题的能力。

3. 价值目标

培塑悟真求实,踏实肯干的钻研精神,体会对比分析的思维方法,领悟从实践上升到理论,用理论来指导实践的哲学认识论。

二、教学内容

涡轮泵是对推进剂进行提压,将推进剂组元按一定的流量和压力输送到推力室中的一种装置,它由氧化剂泵、燃烧剂泵和涡轮组成。涡轮泵的结构形式有单轴双支点(泵异侧与泵同侧)、双轴四支点(一般涡轮与燃烧剂泵同轴,而与氧化剂泵用连轴器相联)、多轴多支点(一个涡轮或多个涡轮,泵一般不同轴,连接使用连轴器或者齿轮),以及其他结构形式。泵的分类有容积泵、射流泵、叶片泵,叶片泵又包括离心泵和轴流泵。在液体火箭发动机中,离心泵一般作为主泵,轴流泵作为前置泵。为了更加深刻地认识离心泵的工作原理,推导并说明了离心泵的基本方程。

三、教学实施

本节课新概念多,公式推导难度大,授课过程中,注重对学生的启发和引导,在关键点和难点,采用设问的方法,吸引学生的注意力,同时通过对问题的解答,加深学生对课程知识的认识。在离心泵相应公式的讲解过程中,淡化数学公式的推导,突出物理意义的讲解,注重以学为中心,以学生为主体,以教师为主导,构建深度高效学习课堂。

1. 预习

布置学生网上查阅长征五号运载火箭构造与组成,要求学生阅读教师事先整理好的长征五号遥二火箭发射失利以及事故归零的相关资料。

2. 教学过程

(1)引入。播放长征五号遥二火箭发射失利的视频,视频播放到芯一级开始工作时,专门提醒,"芯一级的两个发动机只工作了一个发动机,另一个发动机没有工作"。是什么原因造成芯一级的一个发动机没有工作的事故呢?给学生心里留下一个悬念。

在遥二火箭发射失利后的两年半时间里,经过航天工作者的不断努力,终于找出了事故原因,是由芯一级发动机的涡轮泵未能正常工作引起的。这里提出问题:什么是涡轮泵?涡轮泵的功用与组成是什么?由此引出本节教学内容,激发学生对本节课的学习兴趣。

(2)涡轮泵的组成与总体方案。

1)功用:对推进剂进行提压,将推进剂组元按一定的流量和压力输送到推力室中的一种装置。

2)组成:氧化剂泵、燃烧剂泵、涡轮(齿轮机构)。

3)液体火箭发动机对涡轮泵的要求:

A. 可靠工作:密封可靠,能保证高温、低温、易燃易爆和强腐蚀性介质密封要求。

B. 稳定工作:保证发动机工作时的推进剂组元的流量和压力。

C. 使用性好:结构紧凑,质量轻,工艺性好。

4)结构形式:

A. 单轴双支点(泵异侧与泵同侧),如图1-10-1所示。

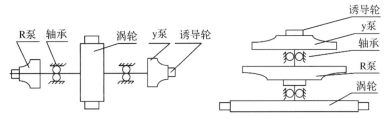

图1-10-1　单轴双支点结构

B. 双轴四支点(一般涡轮与燃烧剂泵同轴,而与氧化剂泵用连轴器相联),如图1-10-2所示。

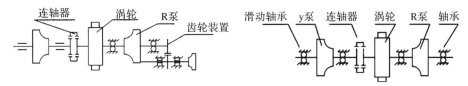

图1-10-2　双轴四支点结构

C. 多轴多支点(一个涡轮或多个涡轮,泵一般不同轴,连接使用连轴器或齿轮),如图1-10-3所示。

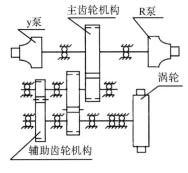

图1-10-3　多轴多支点结构

D. 其他结构形式,如图1-10-4所示。

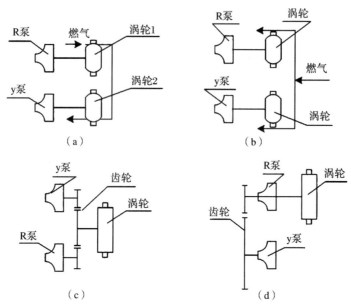

图 1-10-4 其他结构形式

(3)泵的类型与主要参数。

1)功用:将机械能转换为液体的能量。

2)对液体火箭发动机使用的泵有如下要求:①能在有腐蚀性和易燃性的介质条件下工作;②具有较高的抗气蚀性能;③泵的扬程和流量可以调节;④工作性能稳定;⑤启动加速性好;⑥泵的出口压力和流量波动小。

3)泵的分类形式:

A. 容积泵有活塞式泵(见图1-10-5)、旋转式泵(见图1-10-6)和齿轮泵(见图1-10-7)。

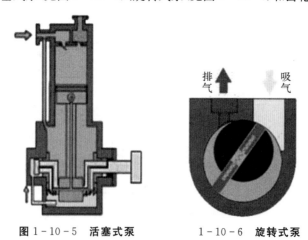

图 1-10-5 活塞式泵   1-10-6 旋转式泵

其优点:能够得到比较高的扬程,效率高。

其缺点:质量与外形尺寸大,磨损大、流量受限制,由于摩擦可能会局部过热。

它一般用于小流量、高扬程位置。

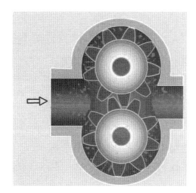

图 1-10-7 齿轮泵

B. 射流泵,如图 1-10-8 所示。由中心喷管排出的中心射流使外套中的液体加速。

其优点:结构简单、质量轻。

其缺点:效率低、扬程小、易发生气蚀。

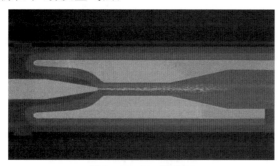

图 1-10-8 射流泵

C. 叶片泵,如图 1-10-9 所示。叶片泵包括离心泵和轴流泵,在液体火箭发动机中,离心泵一般作为主泵,轴流泵作为前置泵。

其优点:高转速,大流量;运动部件少,结构质量轻,适应能力强,动力来源广。

其缺点:进口压力应比较高,否则容易产生气蚀。

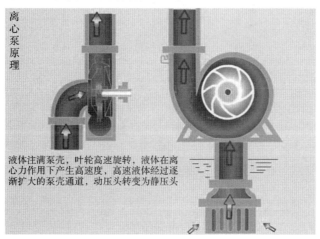

图 1-10-9 叶片泵

4) 离心泵的基本参数：

A. 流量：单位时间内泵输送（流过）的介质的体积或流量。

B. 扬程（压头）：单位介质通过泵后的能量增加值。

C. 转速：叶轮每分钟旋转的圈数，一般在几千至几万转。

D. 功率：泵的动力装置输送给泵的功率——轴功率。

E. 泵的损失与效率。

- 机械损失：机械摩擦（密封、轴承等）、与液体摩擦。
- 容积损失：液体通过密封和缝隙回流。

（4）离心泵的基本方程。

1）流动过程。液体相对于叶轮的相对速度 W；液体随叶轮相对于泵壳的牵连速度 U；液体相对于泵壳的绝对速度 C，如图 1-10-10 所示。

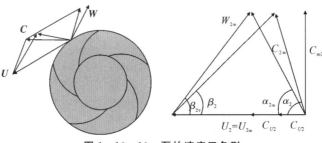

图 1-10-10　泵的速度三角形

矢量关系：

$$C = U + W$$

2）离心泵的基本方程推导。

动量矩原理：单位时间流经叶轮液体的动量矩的变化等于叶轮在单位时间内对液体作用的外力矩。

入口动量矩：

$$L_1 = \dot{m} C_{u1} r_1$$

出口动量矩：

$$L_2 = \dot{m} C_{u2} r_2$$

外力矩：

$$M = L_2 - L_1 = \dot{m} C_{u2} r_2 - \dot{m} C_{u1} r_1 = \dot{m}(C_{u2} r_2 - C_{u1} r_1)$$

$$M\omega = \dot{m}(C_{u2} U_2 - C_{u1} U_1)$$

扬程：

$$H_T = \frac{1}{g}(C_{u2} U_2 - C_{u1} U_1)$$

3）速度三角形。牵连速度：

$$U_2 = \pi D_2 n / 60$$

当叶轮容积流量为 Q 时，在极限情况下：

$$Q = \pi D_2 b_2 C_2 \sin\alpha$$
$$C_2 \sin\alpha = Q/(\pi D_2 b_2)$$
$$C_{m2} = Q/(\pi D_2 b_2)$$
$$C_{u2\infty} = U_2 - \frac{C_{m2}}{\tan\beta_{2v}}$$
$$H_{T\infty} = \frac{1}{g}(C_{u2\infty}U_2 - C_{u1\infty}U_1)$$

所以对于泵的扬程:
$$H_T < H_{T\infty}$$
$$H_T = H_{T\infty}/(1+n_d)$$

物理意义:泵的扬程与液流速度的关系、叶轮的几何形状和尺寸对泵扬程有影响。

4)几何形状和尺寸对泵扬程的影响。

A. 一是叶片的出口安装角 β_{2v},$\beta_{2v}<90°$时称为后弯式叶片;$\beta_{2v}=90°$时称为后弯式叶片;$\beta_{2v}>90°$时称为后弯式叶片。

B. 二是有限叶片:
$$H_T = \frac{1}{g}(C_{u2}U_2 - C_{u1}U_1)$$

引入有限叶片修正系数 n_d:
$$H_T = H_{T\infty}/(1+n_d)$$

n_d 的取值一般为 0.3~0.5。

C. 三是防止气蚀。液体的静压力低于当时温度下的该液体的饱和蒸汽压力 p_s 时,液体中溶解的气体就会析出形成气泡。

发生气蚀的过程:高速流动,气体析出,高的压力区,气泡溃灭,产生气泡,气泡又溃灭。

发生气蚀有以下特征:①流量、扬程和效率剧烈降低。②泵的叶轮会发生机械损坏。③泵会发生振动和噪声。

防止气蚀措施:①选择合适的几何参数;②采用双吸泵或降低转速;③采用诱导轮(轴流泵)。

3. 小结

知识小结:本节课围绕液体火箭发动机涡轮泵展开教学,阐述了涡轮泵的功用与组成,涡轮泵的结构形式,说明了泵的分类,在液体火箭发动机中,离心泵一般作为主泵,轴流泵作为前置泵,并推导和深入剖析了离心泵的基本方程。

方法小结:本节课讲授过程中,主要采用启发、引导、设问的教学方法,根据液体火箭发动机推进剂供应系统的需求,逐个分析多种类型泵的优点和缺点,说明了将离心泵作为液体火箭发动机主泵的原因。在推导和剖析离心泵基本方程的过程中,通过泵的方程,说明了泵的扬程与液流速度的关系以及叶轮的几何形状和尺寸对泵扬程的影响。本节课的教学,不仅要让学生掌握所学知识内容,还要让学生学会理论联系实际,并能够运用理论分析、解决实际问题。

四、课程思政元素融入

1. 悟真求实，踏实肯干的钻研精神融入

课前预习要求学生阅读教师事先整理好的长征五号遥二火箭发射失利以及事故归零的相关资料，并且课程教学的引入，是通过播放长征五号遥二火箭发射失败视频引入的。长征五号是我国目前运载能力最强的航天运载火箭，可以通过箭体之间不同的组合形成长征五号运载火箭不同的分型，来灵活多样地完成不同需求的航天运载任务。长征五号运载火箭一定程度上体现了我国航天科技事业的发展与进步，但是它的研制并不是一帆风顺的。

2016年11月3日，长征五号遥一运载火箭在中国文昌航天发射场首飞成功，由此成为中国运载能力最大的火箭，但遥二火箭于2017年7月2日发射失败，直到2019年12月27日遥三火箭才再次发射成功。

长征五号遥三运载火箭的发射成功，是在长征五号遥二任务发射失利后，时隔908天的圆满回归。经历过成功的喜悦，也留下过失利的泪水，中国航天人书写下了一段不平凡的飞天征程。遥二火箭芯一级发动机地面试车做了120多次，有3万多秒，涡轮泵从来没有出现故障，怎么在遥二火箭飞行时就出现故障呢？"不敢相信"，这是遥二火箭发射现场所有人的反应。

遥二失利的那个夜晚，研制团队所有人都彻夜未眠，他们还没来得及完全接受失败，就开始了数据的判读和复查，属于长征五号908天的等待，从这一刻就已经开始了。因为火箭是在太空中出现的问题，没有人知道到底是什么状况，也就无法还原故障的现场，他们只能不断进行数据分析和计算，模拟当时的环境和状态，甚至对发动机再次进行长时间地地面试车。但是与过去期待试车顺利完成不同，这一次，他们反而希望能够早一点出现那个令人揪心的故障，然而，就像过去的十几年里一样，发动机还是没有出现意外，失望的阴霾笼罩在每个人心中，这让研制团队有些心力交瘁。但是黑暗的天空中突然亮起一道曙光，地面试车时故障复现了，原来是发动机内部的涡轮泵会产生一种异常振动，最终导致发动机停止工作。大家觉得方向找对了，有一些幸运，也有一些沉痛，实在是五味杂陈。找到了问题就是成功的一半，研制团队从结构、材料和工艺等方面不断改进，改进后的发动机终于顺利通过了两次试车验证，异常振动被消除了。

就在团队认为已经解决了问题，火箭也已经进入总装出厂的最后阶段时，一台用于后续任务的发动机试车时，却再次在数据分析时发现了这个异常的振动。也就是说导致推力丧失的故障模式，不止一个，它是随机的，哪个地方好一点，可能就没事，哪个地方差一点，可能就不行。两年半时间里，团队重新研制了8台发动机，试车时间13 902 s。要知道，芯一级氢氧发动机从2001年开展专项研制的13年时间里，也不过研制了16台发动机，试车3万多秒。历尽挫折的这两年半里，他们完成了之前13年工作量的一半，也终于彻底解决了那个反复出现的"异常振动"。

诡异的振动没有了，对芯一级氢氧发动机的伤害彻底消除了，2019年12月27日遥三火箭再次发射成功，研制团队悬着的两年半的心，终于落了地，他们有信心，不会让这种影响

成败的问题再次出现。

从长征五号芯一级氢氧发动机的研制以及遥二火箭事故归零过程可以让学生体会科学研究的艰辛和不易,在科学面前容不得半点马虎,必须本着悟真求实、踏实肯干的钻研精神,才能扬起探索的风帆,在科学的海洋中遨游,胜利地到达成功的彼岸。

2. 对比分析思维融入

逐个分析容积泵、射流泵和叶片泵的优、缺点,根据液体火箭发动机推进剂供应系统的需求,进行对比,阐明了液体火箭发动机选择叶片泵的原因。在对比分析的过程中,强调对比分析方法解决问题的思维和步骤,让学生领悟对比分析法解决实际问题的要领,加深理解和记忆,在分析、归纳和总结中升华解决问题的思维。

3. 哲学认识论的融入

整节课的教学,在无形中启发学生根据这节课的授课思路来体会以问题为导向,多从联系实际的思维角度和层次进行思考,在不断的探索与实践中寻找解决问题的有效方案,最终将实际问题深化为对理论的理解和阐释。整节课也是对"从实践上升到理论,用理论来指导实践"这一哲学认识论方法的诠释,这是一条课程思政暗线。

第二部分 "爆炸气体动力学"课程思政案例

2.1 课程教学目标

一、总体目标

"爆炸气体动力学"是核工程与核技术专业必修的一门主干专业背景课程。本门课程是以导弹外弹道飞行、内弹道驱动内爆效应为应用背景，综合应用物理学、热力学、流体力学相关理论，解决爆炸气体流动与波后流场计算问题。

通过学习本课程，学生能阐述爆炸气体动力学基本理论，具备分析简单爆炸问题的能力；能够掌握独立发现问题、自主探究方法、分析解决问题的思维方式，培养理论联系实际、解决具体问题的能力；结合课程思政，激发学生的爱国热情，培塑形成"核传人"所特有的"忠诚、精业、牺牲"的核心价值观。

二、分类目标

1. 知识传授

学生能够阐述气体一维定常流动、一维非定常流动、爆轰产物的一维飞散、激波及运动冲击波等相关理论的基本概念、基本结论，会建立流体运动的基本方程组，能够说出气体动力学发展情况。能针对新知识开展自学，可以表达自己掌握的理论知识，并使用基本理论分析导弹战斗部爆炸作用过程，具备理论联系实际、分析简单实际爆炸作用问题的能力。

2. 能力培养

通过课堂教学，学生学会从日常生活中的气体动力学现象提出问题，结合定常流动和非定常流动等理论，培养分析问题、解决问题的科学思维方式，掌握理论联系实际、分析实际问题的基本思路和方法。

采用设置自学科目任务，布置线上课程学习任务等，引导学生主动思考，发现流体力学问题，学会独立发现问题、自主学习的方法。

组织分组讨论、现地教学等实践性教学环节，指引学生掌握表达思维活动和展现学习成果的方法。

3. 价值塑造

通过课程学习,在分组讨论、课堂讨论环节,强调学生自主表达,使其能在小组甚至在课堂上能够流畅表达阐释爆炸气体动力学基本原理,培养学生自信心,从而使学生对本门课程产生学习兴趣。

通过将装备使用实例凝练课程思政元素引入课程教学,形成实例与理论相结合,课堂与工作相促进的作用,培养学生对本专业以及第一岗位任职的认同感,愿意在毕业之后从事本专业工作。结合具体事例,潜移默化地培养学生养成认真、细致、严谨的工作作风,引导学生树立积极向上的价值观,激发学生的爱国情怀和投身国防事业的热情。

2.2 课程思政总体设计

一、教学对象分析

本门课程的授课对象是核工程与核技术专业本科学生。根据军队院校实际情况,相较于地方高校,本专业的学生具有以下鲜明特点。首先,生额较少,小班授课,有利于掌握每个学生的个体学习情况,开展教学改革具有一定的灵活性,有利于开展教学方式改革。其次,学生学习积极性好,每届学生都有多人参加各类科创比赛,学习氛围较好,学习主动性强,这一点也有利于教学任务的落实。再次,学生具备发现问题的热情,却缺乏解决实际问题的方法,将实际问题与理论建立起联系的能力还有所欠缺,必须在课堂加以引导。最后,由于军队院校整体教学安排,开课的学期往往与训练任务重合,学生的学习、训练压力大,矛盾突出,如能有效利用零碎时间,有助于改善教学效果。

二、课程思政育人目标

"爆炸气体动力学"课程是我校核工程与核技术专业的一门主干课程,课程思政建设方向和重点是以"立德树人、为战育人"为鲜明导向,培养绝对忠诚、勇于创新、敢于牺牲的作战运用骨干人才。由于"核"的特殊性和极端重要性,对学生在政治上、专业上、作风上标准更高、要求更严,必须时刻做到对党绝对忠诚,必须具有深厚的核理论知识、熟练的核业务技能、较高的核应急能力,必须时刻保持一不怕苦、二不怕死的精神。

因此,本课程按照"紧贴岗位要求—紧贴专业内涵—紧贴课程知识—紧贴工程实践—紧贴发展前沿"的"五紧贴"的设计原则,在价值塑造上,利用"两弹一星"元勋事迹,营造崇尚科学、无私奉献氛围,培塑学生"忠诚、精业、牺牲"的核心价值观;在知识传授上,优选科技最新成果,融入课堂教学、实践创新环节,引导学生掌握课程基础理论,了解学科发展前沿;在能力培养上,结合武器装备实际,提升知识应用、科学思辨水平,培养学生发现问题、分析问题和解决问题的能力。

三、课程思政教学实施

1. "五紧贴"课程思政设计原则

针对学生在"忠诚、精业、牺牲"的核心价值观培养需求,在课程建设、改革和教学实施过程中进行了全面的探索与实践,特别是对课程思政资源的挖掘与设计,结合课程设计,按照

"紧贴岗位要求—紧贴专业内涵—紧贴课程知识—紧贴工程实践—紧贴发展前沿"的"五紧贴"设计原则遴选思政素材。

(1)紧贴岗位要求:贴合未来装备使用和作战运用岗位需求,瞄准未来军官成长需要,遴选素材资料,素材有"军味",思政有"战味"。

(2)紧贴专业内涵:切合专业人才培养目标,瞄准专业培养特色,根植核血脉,培育核传人。

(3)紧贴课程知识:避免生搬硬套,深挖素材内核,紧密结合课程,将素材与课程的切合点找准、找深,将课程思政讲出深度。

(4)紧贴工程实践:注重理论联系实践,结合实际武器装备、工程应用,筛选素材将知识讲活,将理论讲透,将思维讲清。

紧贴发展前沿:紧跟学科发展前沿,适时引入学科最新研究成果,推动科研学术进课堂,培养学生的科学素养,拓展学生的知识面。

2. 课程思政要点提炼

围绕2020年5月教育部颁发的《高等学校课程思政建设指导纲要》导向要求,结合人才培养需要和课程实际,经过筛选的课程思政元素,被提炼为爱国情怀、科学素养、价值导向、辩证思维、专业认同等五类课程思政要点,提纲挈领,将本门课程思政设计整体化、系统化,而非以零星思政元素组成的单一思政单元,形成了以点成线、纵横交织、兼容并包、脉络清晰的课程思政库。

3. 课程思政设计脉络方法

经过遴选提炼的思政元素,最终被融入课程授课的各个章节,经过不断的优化完善形成了特色课程思政元素的"挖掘—遴选—融入—反馈—提升"的课程思政建设模式。

(1)挖掘环节,注重广泛,注重瞄准导向要求,注重结合时事,时用时新。

(2)遴选环节采用"五紧贴"的筛选原则,确保思政元素不走形、不偏离。

(3)融入环节,注重把握思政元素内核,提炼思政要点。

(4)经过课堂授课,及时听取学生反馈,接受督导专家意见。

(5)修改完善不断提升,最终达到支撑培养学生形成"忠诚、精业、牺牲"的核心价值观,如图2-1所示。

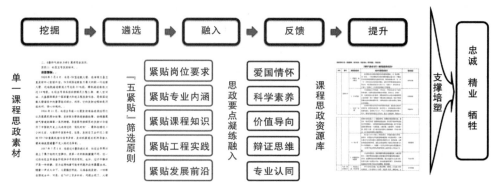

图2-1 课程思政设计脉络方法

4. 课程思政实践情况

(1) 用"两弹一星"精神,培塑忠诚品格和奉献精神。

老一辈核科技先驱们把"热爱祖国、无私奉献、自力更生、艰苦奋斗、大力协同、勇于攀登"的"两弹一星"精神永久镌刻在祖国的大地上。特别是在讲授超声速流动中的激波理论时,介绍跨声速飞行时"上临界马赫数"的概念,由此引出该概念的提出者、我国著名空气动力学专家、"两弹一星"元勋中唯一的烈士郭永怀教授。通过介绍郭教授少年求学、崭露头角、毅然回国、攻克难题、以身殉职的生平,立体呈现郭教授热爱祖国、无私奉献、勇于攀登的精神,引导新时代青年学生加深对核专业的认同,树立忠诚奉献的伟大理想。

(2) 用装备发展成就,培植严谨作风和敬业精神。

结合课程教学中拉瓦尔喷管原理、滞止参数计算、小扰动线化理论等内容,介绍我国系列导弹的研制历程、典型事例和身边典型,引导学生培育严谨的工作作风,感受科研工作的艰辛与不易,用科研人员不畏艰辛、勇攀高峰的科学精神,激励学生比学赶超、勇争第一的进取意识,锤炼过硬专业素养和岗位能力。

(3) 用工程生活实例,培养洞察能力和辩证思维。

通过观察核爆炸冲击波与目标的作用过程,利用波的反射和透射理论,分析核武器爆炸毁伤效应,锻炼学生透过现象揭示物理规律的能力;利用流体参数数学表达与物理实质的区别、正激波的普朗特关系式、爆轰产物飞散流场的分析计算等,体验科学的思辨过程;借助高阶无穷小处理方法、宏观描述与微观对比、高超声速飞行器发展前沿技术等,引导学生正确认识主要矛盾和次要矛盾、培养"抓大放小"的哲学思维。借助火车站台安全线、喷雾器、弧线球、钱塘江大潮等生活实例,培养学生的洞察能力、严谨细致的工作作风和科学素养。

(4) 用情景环境重构,培育学生参与意识和探究精神。

通过伯努利原理应用、有限振幅波推导、波的传播规律分析、爆炸驱动流场计算等内容,再现了19世纪下半叶科学家们的研究过程,引导学生主动参与其中,带着问题开展学习和研讨,不仅有直观的体验,更能引起内心的思考,实现价值塑造、知识传授和能力培养的统一。

经过多轮的教学实践,学生专业认同感大幅提升,献身"核"专业意识明显增强,为国防事业发展奠定了人才基础,提供了智力支撑。

案例十一:流体的物理性质

一、教学目标

1. 知识目标

通过学习,学生能够说出流体质点的概念、连续性假设的内容及判据;能够表述流体质点参数的表示方法;能够辨析理想流体的概念及特点;对流体的导热性、黏性和可压缩性等性质有所了解。

2. 能力目标

通过学习,结合生活实例,培养学生观察生活、分析问题的能力及基本的科学素养。

3. 价值目标

培养激发学生爱国情怀,树立爱国主义为核心的社会主义核心价值观。

二、教学内容

流体力学的主要任务是研究流体与物体之间的相互作用,预计流体在静止或运动时所遵循的基本规律。流体具有许多与固体不同的物理性质,如易流性、黏性和可压缩性等。在研究流体力学问题时,必须对流体的这些性质有一个正确的了解。

本节内容主要探讨流体质点的基本假设和流体的基本性质,主要包括以下三部分内容：①流体质点及连续性假设;②流体的黏性;③弹性和可压缩性。

通过学习使学生：①掌握流体质点的概念、连续性假设的内容及判据;②熟悉流体质点参数的表示方法;③掌握理想流体的概念及特点;④了解流体的黏性、弹性和可压缩性。

采用线上视频学习与线下启发式探讨,引导学生理解基本物理概念;在课程引入环节,介绍牛顿、欧拉、纳维、马赫等对空气动力学发展做出突出贡献的科学家,着重对钱学森的生平以及其在空气动力学史上的贡献进行讲解,激发学生爱国情怀;紧密结合生活实际,在讲解易流性、黏性等流体力学概念时,充分援引生活实例,使课堂内容生动鲜活,激发学生学习兴趣,培养学生观察生活、分析问题的能力及基本的科学素养。

三、教学实施

本节课是第1章基础知识的第一节流体的物理性质,是本门课程的第一堂课,主要对流体的基本假设和基本性质作一介绍,对整门课程的学习起着重要的支撑作用,授课时采用线上线下混合式教学,主要依托学堂在线平台开展线上部分学习。

1. 线上学习

学习章节：爆炸气体动力学—学堂在线—1.1节。

学习目标：本节主要内容是介绍流体质点的含义及特点,通过对气流参数的表示,引出流体质点的概念,进而由流体分子微观上的连续性引出连续性假设及连续性假设的判据,为学习本门课程打下基础。

知识点：①流体质点的概念;②流体质点的特点;③连续介质模型;④连续性的判据。

2. 教学过程

(1)引入。以牛顿、欧拉、纳维、马赫、钱学森等的主要工作和主要成就,概略介绍气体动力学发展情况,解答爆炸气体动力学的研究对象和研究目的。重点介绍钱学森在空气动力学领域的贡献,简要介绍其归国经历和对我国航天事业发展的突出贡献,激发学生爱国热情和报国情怀。

以自行车比赛、汽车工业设计、高尔夫球表面和飞机在空中飞行等直观示例,激发学生对气体动力学的学习兴趣,从而引出流体这一基本概念,展开本节课程。

(2)流体质点及连续性假设。

1)流体质点。

微观特性:流体的物理量在空间和时间上都是不连续的。

宏观特性:即大量分子的统计平均特性。

流体质点的定义:把微元体积 $\delta v'$ 中的所有流体分子的总体称为流体质点。

|提问| 观看视频内容的问题以及心得交流讲解——质点与流体质点的区别?

|过渡| 大量的流体质点构成了流体,引入流体的连续介质模型。

2)连续性假设。流体是由连续分布的流体质点组成的,每个流体质点都包含足够多的分子,因而在每一个质点所包含的微元体积中,分子的各种统计平均值有确定的含义,而这些统计平均值就表现为该微观小区域内流体的宏观特性,如压强、密度、温度等。

|过渡| 如何判断流体是否满足连续性假设?

3)判据。克努森数定义:气体分子平均自由程与物体特征长度之比叫克努森数,用 K_n 表示,即一般规定:当 $K_n<0.01$ 时,连续性假设成立;当 $K_n \geqslant 0.01$ 时,把气体当作离散质点处理。

|过渡| 满足连续性假设的流体运动是本门课程的主要研究对象,对于流体而言,它通常具备哪些性质呢?

(3)流体的黏性。

1)定义。黏性:真实流体在经受切向(剪切)力时发生变形以反抗加于其上的剪切应力的能力。

2)两个试验:①两块平行平板中的流动;②直匀流流过固定壁面。

|演示| 观看视频内容,了解黏性的存在。

3)牛顿内摩擦定律:

$$\tau = \mu \cdot \frac{\mathrm{d}V}{\mathrm{d}y}$$

牛顿流体、非牛顿流体。

牛顿内摩擦定律只适用于牛顿流体的层流流动。

|举例| 血浆、泥浆、油漆、悬浮液、护膝、洗面奶等非牛顿流体,联系生活实际。

4)理想流体的特点。黏性系数 $\mu=0$,理想流体,也叫无黏性流体。

特点:①理想流体只能传递压力,在理想流体中无论有没有剪切变形,都不存在切应力。②作用在任意面积上的应力方向,总是与该作用面垂直。③理想流体中,一点处的压强大小与作用面的方向无关。

(4)弹性和可压缩性。

1)弹性。

弹性模数 E:

$$E=\lim_{\Delta P\to 0}\left(-\frac{\Delta P}{\Delta V/V}\right)=-\tau\frac{\mathrm{d}P}{\mathrm{d}\tau}$$

比容 τ：

$$\tau=\frac{1}{\rho}$$

弹性模量 E：

$$E=\rho/\mathrm{d}P$$

2) 可压缩性。

定义：流体密度 ρ 随压力变化的性质，密度为常数的流体称为不可压缩流体。

液体：液体的弹性模数很大，很难被压缩。

$$E_{水}=2.1\times10^9\ \mathrm{N/m^2}$$

气体：气体很容易被压缩，根据克拉贝隆方程可知，气体在等温条件下受压缩时，密度随压力成正比变化。

$$\frac{\Delta\rho}{\rho}=\frac{\Delta P}{E}\approx0.5\times10^{-4}$$

注意 然而对于实际问题而言，不可压缩只是一个相对概念，对于我们的应用背景，往往液体和固体在压力差变化很大时，也表现出了可压缩流体的性质，例如金属射流冲击靶板时，靶板金属表现为流体的特性。

3. 小结

知识小结：本节内容主要探讨流体质点的基本假设和流体的基本性质，首先通过学者成就了串联讲解气体动力学发展情况，结合现实应用引起学生兴趣；通过对比区分质点与流体质点，强化学生对基本概念和基本假设的掌握理解；通过概念定义与实例相结合，加强学生对牛顿流体概念的理解；通过演示视频的对比，直观展示了流体黏性的影响；通过联系专业应用背景，简要分析流体的可压缩性。

方法小结：本节课的教学内容概念抽象，不仅通过理论讲解了知识要点，更深层次的是要让学生学会联系实际，并能够运用实际的例子去理解理论概念，从而使自己的能力素质得到提高。

四、课程思政元素融入

本节内容作为课程的第一节课，重点在于让学生从宏观上了解课程，并深入掌握基本概念和基本假设。因此，我们进行课程思政设计过程中，一方面通过我国在领域内科学家的贡献以及日常生活的应用实例提起学生对于本门课程的兴趣；另一方面通过生活实例以及实验视频使学生深入理解基本概念含义，为本课程的教学奠定良好基础。根据本课程的课程思政设计原则及方法，本节课程的课程思政设计主要体现在以下几个方面。

1. 爱国情怀的融入

线上学习部分，学习内容主要包括了流体质点的假设以及连续性介质模型等知识点，内容相对独立,也是本节课程的重点。在线下讲解的过程中,引入部分增加了钱学森在空气动力学领域的主要贡献,并且对钱学森归国经历进行了简要阐述,以及他在我们航天领域的巨大影响和成就,目的是以老一辈科学家的爱国情怀唤起学生投身国防事业的饱满热情,以航天领域成就增强学生民族自豪感,激发学生投身社会主义建设的蓬勃动力。

2. 科学素养的融入

在流体质点的讲解过程中,针对流体质点微观性质和宏观特性,采用对比讲解的方法,引导学生将流体质点与空间几何点以及质点的概念进行辨析和区分,进一步加深理解和对流体质点性质的掌握,而这种对比的科学方法对于学生理解掌握陌生概念具有广泛的借鉴意义,对于学生学习能力的培养和科学思维的形成具有促进作用。同时,在讲解流体黏性的时候,采用流体实验的视频展示,进一步潜移默化地将基本科学素养的培养传递给每一位学生。

3. 辩证思维的融入

在小组讨论流体质点特性的时候,对于流体质点"足够小"可以忽略其几何形状,又"足够大"包含有限的流体分子,这样的"一大一小"之间蕴含了辩证思维的培养和训练。同时,在流体可压缩性的讲解过程中,将常见的气体的压缩与高压情况下固体压缩相联系。对于前者,学生都很容易联想,对于后者,在专业内很常见,生活中却很少注意。对于上述可压缩性问题的研究过程中也蕴含着辩证思维的培养。

案例十二:流体运动的描述方法

一、教学目标

1. 知识目标

通过学习,学生能够说出系统和控制体的区别和联系;能够表述欧拉法和拉格朗日方法描述运动问题的基本思路;可以推导出欧拉法的随流导数;对定常流动和非定常流动具有准确认识。

2. 能力目标

能够采用类比、对比等方法分析表达不同运动描述方法的基本思路和联系;掌握从不同角度分析问题的科学思维和基本科学素养。

3. 价值目标

培养学生形成积极进取的价值观。

二、教学内容

理论力学中,我们学习了经典质点体系的运动描述方法,然而对于流体力学而言,在一段时间内,质点系系统的边界往往难以确定,因此需要采用新的描述方法分析流体运动,这是流体力学分析的基础理论方法,对于建立基本流体力学方程组具有很重要的支撑作用。

本节内容主要探讨流体运动的描述方法,主要包括以下四部分内容:①系统和控制体;②描述流体运动的两种方法;③欧拉法的加速度表达式;④定常流动与非定常流动。通过学习,学生应做到:①能说出系统和控制体的概念及区别;②能辨析描述流体运动的两种方法,即拉格朗日法和欧拉法的异同;③能推导欧拉法加速度的表达形式;④了解定常流动和非常流动的特点。

本节课程采用线上视频学习与线下启发式探讨相结合的方式展开教学,注重强调学生自我学习推导,引导学生理解基本物理概念;采用对比讲解方法,对重点内容流体运动描述的两种方法进行深入探讨;采用分组讨论、学生汇报的方式推导欧拉方法的随流导数;利用实例类比进一步加强学生对随流导数的掌握理解。

三、教学实施

1. 线上学习

学习章节:爆炸气体动力学—学堂在线—1.2节、1.3节。

学习目标:本节主要内容是介绍流体运动的描述方法,通过对系统和控制体的辨析,进而得到两种不同描述方式的流体运动描述方法,通过对比分析其异同,加深对流体力学的主观感受,为流体运动基本方程组的建立奠定良好基础。

知识点:①系统、控制体的概念;②系统和控制体的特点;③拉格朗日法表示流场中运动;④欧拉法表示流场中运动。

2. 教学过程

(1)引入。以中学物理的小滑块、质点等引入基本的运动描述方法;由前面课程中的流体质点概念以及流体的基本性质,从而提出问题:该怎样描述流体运动?带着问题进入本节课程的学习——系统和控制体。

1)系统:指确定物质的任意集合,它是由同一些质点所组成的。系统以外的一切都称为外界。系统的边界是指把系统和外界分开的假想表面。

边界的特点:在边界上可以有力的作用和能量的交换,但没有质量通过,所以系统又叫作闭口系统。

提问 观概念辨析:怎么理解"确定"和"任意"?

2)控制体。指有流体通过的,相对于某个坐标系是固定不变的一个假想体积。包围控制体的边界面,称为控制面,它总是封闭的表面。在控制面上有质量、动量和能量的迁移。

提问 观看视频内容的问题以及心得交流讲解——系统边界与控制面的区别与联系是什么?

过渡 流体的特点是什么?基本性质?该怎么描述流体运动?

所有热力学和动力学定律都是对系统而言的,然而对运动流体来说,由于系统边界不固定而带来许多不便,因此通常采用控制体作为研究对象。

(2)描述流体运动的两种方法。

1)拉格朗日法(系统法)。定义:这种方法着眼于分析流场中个别质点的运动,研究某一流体质点各种参数随时间的变化情况以及由一个流体质点转到其他质点时,这些参数的变化。

质点位置:
$$x = x(a_1, b_1, c_1, t)$$
$$y = y(a_1, b_1, c_1, t)$$
$$z = z(a_1, b_1, c_1, t)$$

质点的速度为
$$v = \lim_{\Delta t \to 0} \frac{r(t+\Delta t) - r(t)}{\Delta t} = \lim_{\Delta t \to 0} \frac{\Delta r}{\Delta t}$$

质点的加速度为
$$a = \frac{\partial V}{\partial t} = \frac{\partial^2 r}{\partial t^2}$$

它在直角坐标中的分量:
$$\begin{cases} a_x = \frac{\partial u}{\partial t} = \frac{\partial^2 x}{\partial t^2} \\ a_y = \frac{\partial v}{\partial t} = \frac{\partial^2 y}{\partial t^2} \\ a_z = \frac{\partial w}{\partial t} = \frac{\partial^2 x}{\partial t^2} \end{cases}$$

[类比] 质点系力学研究方法的自然延续。例如:小滑块的运动、公路上行驶的汽车。

2)控制体法(欧拉法)。

通过下列两个方面来描述整个流场情况的:①在空间固定点上流体的各种参数(如速度、压强等)随时间的变化;②在相邻的空间点上这些参数的变化。

在直角坐标系中,
$$V = V(x, y, z, t)$$
$$P = P(x, y, z, t)$$
$$\rho = \rho(x, y, z, t)$$

x、y、z 叫作欧拉变量,它们都是各自独立的变量。

[类比] 研究对象为固定位置。高速公路上收费站。

3)拉格朗日法和欧拉法的异同点。

A. 相同点:它们都是描述运动的方法,对于具体流动问题,无论采用哪种研究方法,其结论是相同的。

B. 不同点:

a. 研究对象不同。拉格朗日法:流体质点;欧拉法:空间固定点。

b. 变量的意义不同。拉格朗日法:a、b、c 是时间 t 的函数;欧拉法:x、y、z 和 t 相互独立。

c. 拉格朗日法:取一段时间 Δt,给出某一质点的运动轨迹;欧拉法:给定时刻 t,确定出各个空间点上流体质点的运动情况,给出流线。

|方法| 两种方法的异同点由学生分析,检验线上学习效果,同时提示从不同角度思考科学思考问题的方法。

(4)欧拉法的加速度表示。

欧拉法加速度:

$$\frac{d\mathbf{V}}{dt}=\frac{\partial \mathbf{V}}{\partial t}+(\mathbf{V}\cdot\nabla)\mathbf{V}=\left(\frac{\partial}{\partial t}+\mathbf{V}\cdot\nabla\right)\mathbf{V}$$

|推导| 以学生为主导,结合线上视频学习,小组交流后推荐学生分享。

第一项 $\frac{\partial \mathbf{V}}{\partial t}$ 是由流场的非定常引起的加速度,它表示在固定空间点上,流体速度随时间的变化率,称为当地加速度或局部加速度。

第二项 $(\mathbf{V}\cdot\nabla)\mathbf{V}$ 是由流场的非均匀性引起的加速度,称为迁移加速度。

|类比| 爬山过程,从早到晚,由山下爬到山顶,既有因为时间变化导致的本身温度变化,也有因为山下到山顶位置迁移导致的温度变化,帮助理解"当地加速度"和"迁移加速度"。同时社会发展的进步和个人的努力也有类似的类比关系。

(5)定常流动和非定常流动。

定常流动:如果流场中所有气流参数都不随时间 t 变化,称为定常流动,表示为

$$\frac{\partial \mathbf{V}}{\partial t}=\frac{\partial P}{\partial t}=\frac{\partial \rho}{\partial t}=\frac{\partial T}{\partial t}=0$$

非定常流动:如果气流参数(不一定所有气流参数)随时间变化,就称为非定常流动。

|注意| 通过坐标变换可以把某些非定常流动变为定常流动,这是我们求解非定常流动的常用思路。

3. 小结

知识小结:本节内容主要探讨流体运动的描述方法,通过对比讲解,辨析区分系统和控制体的概念,总结流体运动的特点,以提问引起学生兴趣;结合公路上运动的汽车和收费站,引导学生理解拉格朗日法和欧拉法描述流体运动的特点;通过学生自主分析,强化学生对拉格朗日方法和欧拉法异同点的掌握;采用小组交流,学生主导的形式讲解欧拉法的加速度表达式,深化对于欧拉法描述流体运动的理解;简单讲解定常流动,为后续非定常流动的讲解埋下伏笔。

方法小结:本节课的教学,"控制体""随流导数"等概念较为抽象,通过类比方法,使得物理概念更加鲜活,并且概念讲解、方法讲解均采用对比分析的方式成对出现,以已有知识与新知识的对比增加学生的理解掌握能力,更深层次的是要让学生掌握陌生物理概念的分析方法,锻炼学生的科学素养。

四、课程思政元素融入

本节内容作为课程重要概念和基本研究方法的重点章节,重点在于让学生从掌握流体

运动的基本描述方法,为建立流体运动基本方程组打下良好基础。章节内容存在大量的新概念和新方法,理解抽象,因此,我们进行课程思政设计过程中,一方面实例类比,降低物理概念的理解难度,培养学生理解分析问题的科学素养;另一方面,通过已有概念和新概念的对比讲解,例如"系统"和"控制体","拉格朗日法"和"欧拉法",等等,为深入掌握课程他内容奠定良好基础。根据本课程的课程思政设计原则及方法,本节课程的课程思政设计主要体现在以下几个方面。

1. 科学素养的融入

线上学习部分,学习内容主要包括了系统和控制体基本概念,两种描述流体运动的方法等知识点,是本节课程的重点和难点内容,通过线上的学习,培养学生学习主动性。在线下讲解的过程中,通过实例援引,如"公路上的汽车""收费站",简化学生对陌生物理概念的理解;通过"质点系"与"欧拉法"流体运动描述方法的对比,从直观到抽象,从简单到复杂,培养学生的科学思维能力和发现生活中科学问题的能力。

2. 价值导向的融入

在欧拉法的加速度推导过程中,针对"当地加速度""迁移加速度"的辨析讲解,以登山的过程中的温度变化来自时间影响和海拔高度变化两方面因素,以及个人取得成绩来自个人修养的提升和外部环境的影响两方面因素综合作用,类比分析"当地加速度"和"迁移加速度"的含义,引导学生产生对身处中华民族伟大复兴进程良好外部环境的正确认识,以及自我能力素质提升的内在动力,激发学生干事创业的无限热情。

3. 辩证思维的融入

在小组讨论两种运动描述方法的区别时,重点讲解了研究对象的不同,从而产生了不同的描述方法,并且突破常规的描述方法给我们解决流体运动描述带来了很大便利。这也就提示我们看待问题过程中,不能只看到问题的一面,要多方位、多角度辩证思考。当然不同的描述方法,描述相同流动时,结论是相同的,问题客观存在,那么认识问题的方法并不能改变问题本质,出现"盲人摸象,各有表述"的现象可能是由对问题认识不够全面导致的。

案例十三:伯努利方程及其应用

一、教学目标

1. 知识目标

通过学习,学生能够推导出伯努利方程,能够说出伯努利方程的物理意义,掌握简单流动问题的分析方法。

2. 能力目标

通过学习,学生能够掌握一般流体问题的分析方法,可以采用基本的理论分析现实中的实际问题,能够利用伯努利方程解释现实生活中的实例。

3. 价值目标

培养学生的专业认同,激发学生对从事国防事业的饱满热情。

二、教学内容

得到了理想流体流动的基本方程组连续方程、动量方程、能量方程之后,为了进一步研究流体运动主要流动参数的关系,需要进一步对基本方程进行化简分析,伯努利方程就是简化推导之后的重要方程,对于我们解释一些生活中的流动问题具有重要作用。

本节内容主要是伯努利方程及其应用,主要包括:①伯努利方程的推导;②物理意义的讨论;③伯努利方程的应用。通过学习,学生应做到:①能推导出伯努利方程;②掌握伯努利方程的物理意义;③会用伯努利原理解释有关现象。

采用线上视频学习与线下教学相结合,引导学生掌握流动问题分析方法;在课堂引入环节,以会飞的纸杯演示实验引入、建立简化物理模型,问题牵引学生建立基本方程,推导出伯努利方程,帮助学生掌握流体运动的分析方法;结合推导结论,分析工程应用,培养学生理论联系实际、分析实际问题的能力,结合课程思政加深理论理解,塑造向上价值观。

三、教学实施

1. 线上学习

学习章节:爆炸气体动力学—学堂在线—1.12节。

学习目标:本节主要内容是在葛罗米柯方程的基础上,建立理想不可压流体的伯努利方程,通过分析伯努利方程,解释现实中的实例,加深学生对流体运动方程的理解。

知识点:①葛罗米柯方程;②理想不可压流体的伯努利方程;③伯努利方程的物理意义;④伯努利方程在日常生活中的应用。

2. 教学过程

(1)引入。

演示实验:会飞的纸杯。

演示方法:将两个一次性纸杯,底部粘贴起来,用橡皮筋缠绕并释放。

演示现象:纸杯在空中悬浮着向前飞了一段时间。

提问引入:当纸杯离开我们的手的时候,并没有其他的外力托举着它,那么纸杯将由于重力的影响会快速的向下落,但是实验现象表明,纸杯向前滑行的一段距离,显然,纸杯却是受到了一个向上的力的,那么这个力从何而来,纸杯又为什么会飞?让我们一起进入本节课程。

(2)伯努利方程的推导。为了寻找纸杯会飞的原因,我们可以取纸杯作为研究对象,纸杯飞出之后,它是在空气中运动的,空气中充满了气体分子,可以近似地认为是一个均匀的流场,我们将观察的坐标系建立在杯子上。

|提问| 具体到这个具体的流动问题来讲,分析它的运动过程,大家思考一下,我们该怎么做呢?

动量定理:在某一时刻,控制体的动量对时间的变化率等于该时刻作用于该控制体的全部外力的合力,如图 2-13-1 所示。

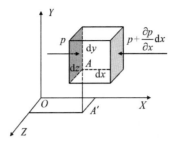

图 2-13-1 伯努利方程的推导

欧拉方程:理想流体的动量方程。

$$\frac{\partial u}{\partial t}+u\frac{\partial u}{\partial x}+v\frac{\partial u}{\partial y}+w\frac{\partial u}{\partial z}=B_x-\frac{1}{\rho}\frac{\partial p}{\partial x}$$

$$\frac{\partial v}{\partial t}+u\frac{\partial v}{\partial x}+v\frac{\partial v}{\partial y}+w\frac{\partial v}{\partial z}=B_y-\frac{1}{\rho}\frac{\partial p}{\partial y}$$

$$\frac{\partial w}{\partial t}+u\frac{\partial w}{\partial x}+v\frac{\partial w}{\partial y}+w\frac{\partial w}{\partial z}=B_z-\frac{1}{\rho}\frac{\partial p}{\partial z}$$

葛罗米柯方程:理想流体的动量方程。

$$\frac{\partial \boldsymbol{V}}{\partial t}+\text{grad}\left(\frac{V^2}{2}\right)+\text{rot}\boldsymbol{V}\times\boldsymbol{V}=\boldsymbol{B}-\frac{1}{\rho}\text{grad}p$$

针对具体流动问题,简化条件:

A. 定常流动:

$$\frac{\partial \boldsymbol{V}}{\partial t}=0$$

|过渡| 结合演示实验的实际流动问题,简化一般方程得到适应于实际问题特例。演绎:一般→特殊。

B. 流体不可压:

$$\rho=\text{常数}$$

C. 体积力只有重力:

$$B=-\text{grad}\Pi,\quad \Pi=gz$$

D. 沿流线:

$$\text{rot}\boldsymbol{V}\times\boldsymbol{V}=0$$

伯努利方程:理想不可压缩流体定常流动

$$\frac{V^2}{2}+gz+\frac{p}{\rho}=\text{常数}(\text{沿流线})$$

过渡　这样的简化公式有什么作用呢？下面我们一起探讨一下它的物理意义。

(3) 物理意义的讨论。

A. 理想不可压缩流体在定常流动中，单位质量流体的动能、位能和压力位能的总和沿流线保持不变。常数值代表流线上单位质量流体的总能量。

B. 不同流线上积分常数不同，单位质量流体具有的总能量不同；

C. 忽略体积力，伯努利方程具有如下形式：

$$\frac{V^2}{2}+\frac{p}{\rho}=常数（沿流线）$$

流速大的地方压强小，流速小的地方压强大。

解释　由于纸杯旋转，上侧流速大，下侧流速小，从而产生向上的力。这也就回答了本课程开始时提出的问题。

拓展　伯努利方程是由丹尼尔·伯努利推导得到的，他是瑞士著名的物理学家、数学家和医学家，在科学史上，伯努利家族占有举足轻重的地位，在连续三代人中，产生了8位影响深远的科学家，其中雅各布·伯努利创立了变分法，提出了大数定律，是被公认的概率论的先驱之一；约翰·伯努利在微积分领域贡献卓著，著名的"洛必达法则"就是他首先提出的；而丹尼尔·伯努利则是流体力学的奠基人。伯努利家族取得如此辉煌的成就，离不开家庭氛围的熏陶培养。习近平总书记讲"注重家庭、注重家风、注重家教"。家是最小国，国是千万家。对于军人而言，我们不仅是家的顶梁柱，更是维护国家安全的重要防线。培养向上进取精神，不仅我们自身受益，对于家庭和国家也有重要意义。

过渡　伯努利原理在生活中的应用也极为广泛。

(4) 伯努利方程的应用。

1) 逆风行驶的帆船，如图 2-13-2 所示。逆风行驶的帆船，通过掉转船头不断以之字形逆风前进。

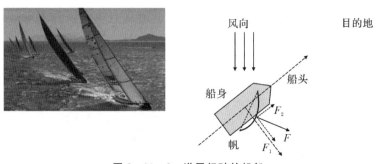

图 2-13-2　逆风行驶的帆船

启发　面对困难和挑战，找对前进的方法和路径同样可以达到目标，"逆风"也能前行。

2) 真空发生器，如图 2-13-3 所示。某型号的喷射式真空发射器，抽气环节正是由于流速不同，从而在喷嘴室与待抽容器之间产生压强差，达到抽气的目的。

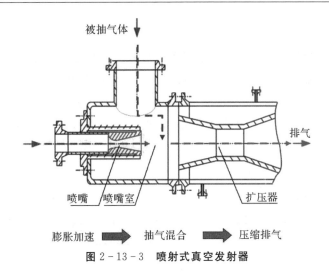

图 2-13-3　喷射式真空发射器

3. 小结

知识小结：本节内容以会飞的纸杯引入，建立控制方程，从动量守恒方程出发，推导了另一种葛罗米柯方程形式，而后，又采用了适当的简化条件最终推导得到了伯努利方程，回答了纸杯会飞的原因；接着讨论了伯努利方程的物理意义，表示沿流线，流体运动的动能与压力位能之和为常数；最后，以逆风行驶的帆船和真空发生器为例，分析讲解了伯努利方程的应用。

方法小结：本节课的教学，以演示实验为引入，生动有趣，通过简化分析方法，推导得到了特殊情况的伯努利积分，联系生活实例，进一步分析了伯努利方程的应用，加深了对知识的理解，更重要的是培养了学生分析实际流体运动问题的方法和思路，从而使学生的能力得到提高。

四、课程思政元素融入

本节内容作为应用性较强的一节，重点在于让学生从能够建立起流体运动的分析思路，通过实例分析深入掌握基本方法，锻炼科学思维能力。因此，我们进行课程思政设计过程中，一方面通过演示实验，帮助学生掌握科学思维的方法；另一方面通过"伯努利家族""逆风行驶的帆船"培塑学生积极向上的价值观。根据本课程的课程思政设计原则及方法，本节课程的课程思政设计主要体现在以下几个方面。

1. 科学素养的融入

线上学习部分，学习内容主要包括了伯努利方程的推导和应用，是本节课程的重点。在线下讲解的过程中，以演示实验"会飞的纸杯"引入问题，引起学生兴趣，结合先导内容建立基本方程，分析现象，启迪学生思维。采用线上视频学习与线下启发式探讨，"由一般到特殊"，注重强调学生自我学习推导，简化一般性方程得到伯努利方程，引导学生形成科学演绎思维。

2. 价值导向的融入

在推导伯努利方程的过程中，补充讲解了伯努利家族连续三代人中，产生了 8 位影响深远的科学家，伯努利家族取得如此辉煌的成就，离不开家庭氛围的熏陶培养。习近平总书记讲"注重家庭、注重家风、注重家教"。家是最小国，国是千万家。对于军人而言，我们不仅是家的顶梁柱，更是维护国家安全的重要防线。培养向上进取精神，不仅我们自身受益，对于家庭和国家也有重要意义。这样丰满的课程思政元素能对学生产生正向的价值导向作用，为学生的价值塑造打下良好基础。

3. 辩证思维的融入

在讨论伯努利方程应用的时候，引入"逆风行驶的帆船"，启发面对困难和挑战，找对前进的方法和路径同样可以达到目标，"逆风"既是阻力，也是催人奋进的动力。这样的思政设计一方面对学生形成积极向上的价值观有帮助，另一方面辩证看待"逆风"，辩证看待困难的思维方式对于学生的素质培养也有重要作用。

4. 专业认同的融入

在探讨伯努利方程应用的第二个例子，引入了真空发生器，本专业有大量的实践环节都会涉及真空环境，在讲解该喷射式真空发生器时，适当拓展本门课程在专业装备中的应用，使学生加深对本专业的了解，也能激发起学生对未来事业的更大认同。

案例十四：声速与马赫数

一、教学目标

1. 知识目标

通过学习，学生能够理解声音的本质是什么，能够推导得到声速的一般表达式，能够理解马赫数的基本定义，并对声速与马赫数反映了流体的可压缩性有理性认识。

2. 能力目标

通过生动的案例，将理论分析与实际问题相结合，培养学生理论联系实际、解决实际问题的能力；通过简化物理方法，培养学生的基本科学素养。

3. 价值目标

将课程内容与装备发展相结合，培养学生投身国防事业的饱满热情。

二、教学内容

建立了理想流体流动的基本方程组，对流体运动具备基本的认识之后，根据课程内容体系，一维定常流动是很重要的研究内容，而声速与马赫数则是气体动力学极为重要的两个概念,对于后续内容的理解掌握具有极为重要的支撑作用。

本节内容主要是声速与马赫数,主要包括:①声音的本质;②声速的表达式;③声速的影响因素;④马赫数。通过学习,学生:①能推导得到声速的基本表达式;②能够分析影响声速大小的几个因素;③能够理解马赫数的基本定义,并能说出以马赫数大小为标准的流体运动分类;④能够理解声速和马赫数反应了气流压缩程度。

采用线上视频学习与线下教学相结合,引导学生掌握流动问题分析方法;在课堂引入环节,以"为什么变声"的视频引入,建立简化物理模型,问题牵引学生建立基本方程,推导得到声速的基本表达式,由易入难,深入浅出,引导学生主动思考,自己归纳出结论,增强学生对知识的掌握程度,帮助学生掌握流体运动的分析方法,培养学生的科学思维;结合推导结论,分析影响声速的几个因素,从而推断出声音变化的原因,培养学生理论联系实际、分析实际问题的能力,结合装备发展情况,激发学生爱国热情,塑造向上价值观。

三、教学实施

1. 线上学习

学习章节:爆炸气体动力学—学堂在线—2.1节、2.2节。

学习目标:本节内容主要通过推导静止均匀气体中声速的表达式,了解声速与流体可压缩性的联系,理解声速的本质和其决定因素,理解马赫数的定义及其物理意义。

知识点:①扰动和扰动波;②声速的定义及决定因素;③马赫数的定义及物理意义;④根据马赫数流动的分类。

2. 教学过程

(1)引入。以网络综艺视频片段为例,某明星吸入不明气体后,原本粗犷的声音变得尖锐,那么吸入不明气体为什么会变声?

过渡 提问声音的本质是什么?经过什么样的过程,我们才能听到声音?

(2)声音的本质,如图 2-14-1 所示。

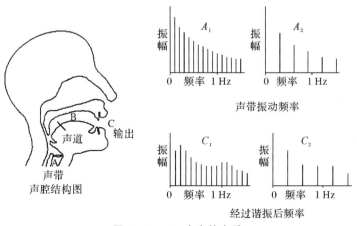

图 2-14-1 声音的本质

1)发声模型。

发声:声带的震动+口腔的共鸣。

共鸣腔的作用:扩音,腔体内状态发生变化,放大的声音不同,速度越快频率就越高。

2)扰动与扰动波。

扰动 由于某种原因,气体在所占的空间受到外界作用时,其物理量如压强、密度以及速度等参数发生变化,就称气体受到了扰动。当这些参数的变化量很小时,扰动称为弱扰动,反之称为强扰动。

扰动波:扰动介质和未扰动介质的分界面。

3)声音的本质:引起了气流参数的变化,声音是扰动波。声速是扰动传播的速度。

过渡 以现实的声音传播为例,结合气体动力学的相关理论,将枯燥的理论具象化,为了找寻出现声音变得尖锐的现象,我们需要进一步建立简化的物理模型,用来分析声音变尖锐的原因。

(3)声速的表达式。

1)简化假设。

A. 假定气体是完全气体。完全气体的状态方程为 $p=\rho RT$,其定容比热容 c_V 和定压比热容 c_p 均为常数。

B. 忽略体积力:$\boldsymbol{B}=\boldsymbol{0}$。

C. 忽略黏性:$\mu=0$。

D. 过程绝热:气体和外界之间没有热量交换。

研究对象:忽略体积力和黏性,且流动过程绝热的完全气体。

2)一维近似简化模型,如图 2-14-2 所示,建立等截面直管中声波传播模型。

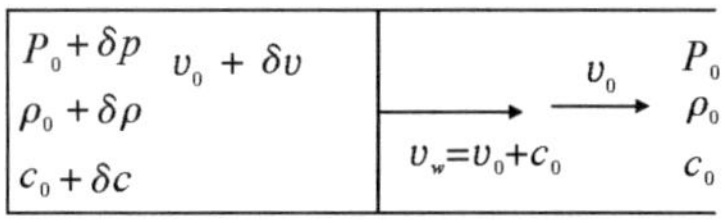

图 2-14-2 一维近似简化模型

课程思政 为了分析影响声速的原因,我们对引入所提出的问题,进行简化物理假设,按照由简单到复杂,由特殊到一般的思路建立声音传播的等截面直管声波传播模型,培养学生的科学素养。

3)声速的表达式。

连续方程

$$\rho(-c)=(\rho+\mathrm{d}\rho)(\mathrm{d}v-c)$$

动量方程

$$\mathrm{d}p=\rho c\mathrm{d}v$$

并联立两式,得

$$c^2=\frac{\mathrm{d}p}{\mathrm{d}\rho}$$

意义讨论:介质越容易压缩,其声速较小,反之则声速较大。可见,声速的大小是介质可压缩性程度的标志之一。

完全气体,符合完全气体等熵方程:

$$\frac{\mathrm{d}p}{\mathrm{d}\rho}=\frac{\mathrm{d}(C\rho^{\gamma})}{\mathrm{d}\rho}=\gamma C\rho^{\gamma-1}=\gamma\frac{p}{\rho}$$

$$\left(\frac{\partial p}{\partial \rho}\right)_s=\gamma\frac{p}{\rho}=\gamma RT$$

声速与压强和密度以及声速和气体温度的关系

$$c=\sqrt{\frac{\gamma p}{\rho}}=\sqrt{\gamma RT}$$

[提问] 平流层 300 m/s 是不是超声速?检验对于声速相关概念的理解,并以此为过渡,引出对声速影响因素的讨论。

(4)声速的影响因素。

[过渡] 根据声速的表达式,可以发现声速与三个参数相关,逐一对这三个参数进行分析。

1)温度。结论:在任何特定的气体中,其声速只取决于该气体的温度。这就是说,声速也是气体的状态参数之一。

2)气体常数。不同的气体气体常数不同

$$R=\frac{\bar{R}}{M}$$

$$c=\sqrt{\frac{\gamma p}{\rho}}=\sqrt{\gamma RT}=\sqrt{\gamma\frac{\bar{R}}{M}T}$$

3)比热比。比热比又称为绝热指数,通常情况下满足以下关系:单原子分子:5/3;双原子分子:7/5;三原子分子:4/3。

[呼应] 回答变音的原因:吸入了小分子量的气体,通过简单计算发现小分子量的气体声速更大,而口腔内充满了小分子气体,谐振的频率变高,因此声音变得尖锐。而实际上,该明星就是因为吸入了氦气导致了声音由粗犷变得尖锐。

(5)马赫数。

1)定义:流场中流体微团的运动速度 v 与当地声速 c 之比称为马赫数,即

$$Ma=v/c$$

2)物理意义:

$$Ma^2=\frac{v^2}{c^2}=\frac{v^2}{\gamma RT}=\frac{2}{\gamma(\gamma-1)}\frac{v^2/2}{c_V T}=\frac{2}{\gamma(\gamma-1)}\frac{v^2/2}{u}$$

马赫数的平方可以作为气体的宏观流动动能与分子随机热运动动能之比的一个度量。

马赫数也是气体可压缩性的度量。

$$Ma^2=-\frac{\mathrm{d}\rho/\rho}{\mathrm{d}v/v}$$

结论:在等熵过程中,气流速度的相对变化量导致的密度相对变化量与马赫数(Ma)的平方成正比,而负号表示它们的变化趋势相反,即:速度增加必使得密度减小;速度减小又必

然使得密度增大。由此可见,气流的压缩性与马赫数的大小有着密切的关系。

[注意] 根答:通常情况当 $Ma \leq 0.3$ 时,$\varepsilon_p < 3\%$,可以忽略密度的变化,把流动当作不可压缩流处理。

3)流动的分类。马赫数是研究高速流动的重要参数,是划分高速流动类型的标准。

$Ma < 1$:亚声速流动,举例:我国大客机 C919 飞行一般是亚声速的。

$Ma > 1$:超声速流动,举例:我国的歼-20 作为高性能的第四代战机,具有超声速巡航的能力。

$Ma = 1$:声速流动,举例:声波的传播速度。

$Ma > 5$:高超声速流,举例:弹道导弹的再入过程往往是高超声速的,而我国科学家钱学森在高超声速领域具有极为重要的影响。

[课程思政] 以我国的客机以及先进的战斗机等突出发展成就作为实例,潜移默化地将爱国情怀融入课堂,激发学生的爱国情怀和投身国防事业的热情。

3. 小结

知识小结:本节内容以"变声的男明星"引入,建立发声模型,通过分析声音的传播过程,建立简化的等截面声音传播模型,推导得到了声速的表达形式,分析影响声速的原因,从而回答了吸入瓶中气体的男明星为什么会变声;而后,进一步探讨了流体运动的重要参数马赫数的物理意义,并以马赫数为分类标准,分析了流体运动的几种类型。

方法小结:本节课的教学,以现实视频为引入,生动有趣,通过简化分析方法,推导得到了声速的表达形式,将现实的实例用气体动力学方法进行解释,培养了学生从简单到一般的科学思维,学生理论联系实际、解决实际问题的能力得到了锻炼。

四、课程思政元素融入

本节内容作为概念性较强的一节,重点在于让学生能够深刻理解声速和马赫数的本质,并建立实际流动问题的分析思路,通过实例分析锻炼科学思维能力。因此,我们进行课程思政设计过程中,一方面通过简化物理模型的建立,帮助学生掌握科学思维的方法;另一方面通过 C919、歼-20 等我国工业发展的巨大成就激发学生的爱国情怀和报国热情。根据本课程的课程思政设计原则及方法,本节课程的课程思政设计主要体现在以下几个方面。

1. 科学素养的融入

线上学习部分,学习内容主要包括了声速和马赫数的定义与物理意义,是本节课程的重点。在线下讲解的过程中,以"变声的男明星"引入问题,引起学生兴趣。采用线上视频学习与线下启发式探讨,由简单到一般,进行简化物理假设,按照由简单到复杂,由特殊到一般的思路,针对忽略体积力和粘性,且流动过程绝热的完全气体,建立声音传播的等截面直管声波传播模型,引导学生养成分析实际问题的科学思维。

2. 价值导向的融入

在讲解以马赫数为标准的流动分类过程中,以 C919 为亚声速飞行的典型例子,以歼-20 为超声速飞行的例子。通过这种潜移默化的影响,学生对于我国工业发展的突出成就具有更为理性的认识,从而形成以爱国主义为核心的社会主义价值观,激发学生爱国热情。

3. 专业认同的融入

在探讨高超声速飞行器过程中,引入了弹道导弹的再入飞行,本专业未来从事的任务基本与此相关,在线下讲解过程中,适当对未来从的专业装备进行拓展讲解,增加了学生对于专业的了解,也激发起对从事国防事业自豪感和认同感。

案例十五:滞止状态、临界状态和最大速度状态

一、教学目标

1. 知识目标

通过学习,学生能够理解滞止状态、临界状态和最大速度状态三种状态的定义和物理含义,能够根据能量守恒方程推导得到滞止状态参数的表达形式。

2. 能力目标

通过学习,结合实际装备,培养学生分析实际问题的能力。

3. 价值目标

了解未来从事专业的装备情况,培养学生的专业认同感;培养学生严谨细致,万无一失的工作作风,为后续任职奠定良好基础。

二、教学内容

滞止状态、临界状态和最大速度状态三种参考状态是研究流体问题极为重要的基本概念,滞止状态下的滞止参数对于理解热障问题具有重要作用,三种状态以速度为联系,速度由小到大,反映的是能量的转化和守恒,这对于我们深刻理解流体运动具有重要帮助。

本节内容主要是滞止状态、临界状态和最大速度状态,主要包括:①滞止状态;②滞止参数;③临界状态;④最大速度状态。通过学习,学生:①能理解三种状态的定义;②能够推导得到滞止状态参数的表达形式,会计算滞止压强和滞止温度;③了解最大速度状态,并能够理解现实中无法达到最大速度状态。

采用线上视频学习与线下教学相结合,引导学生理解掌握三种状态的基本概念和含义;在课堂引入环节,以"哥伦比亚号航天飞机失事"的视频引入,建立简化物理模型,问题牵引学生建立基本方程,推导得到滞止状态时滞止参数的表达式,帮助学生掌握流体运动的分析方法;结合推导结论、分析工程应用、结合航天飞机失事原因加深理论理解,培养学生严谨细致、万无一失的工作作风。

三、教学实施

1. 线上学习

学习章节:爆炸气体动力学—学堂在线—2.3节、2.4节。

学习目标:本节内容主要了解流体运动过程中的滞止状态、临界状态和最大速度状态。根据能量方程,推导滞止温度的关系式,而后根据等熵关系式进一步得到其他气流参数的滞止参数,结合"热障"这个现实中存在的问题,加深学生对滞止状态和滞止参数的理解掌握。

知识点:①滞止状态的定义;②滞止参数;③临界状态;④最大速度状态。

2. 教学过程

(1)引入。播放视频:美国的哥伦比亚号航天飞机执行任务返回的过程。

从视频中,我们可以看到,哥伦比亚号航天飞机剧烈燃烧,最后在空中解体,7名宇航员遇难。航天飞机是当时美国最为先进的飞行器,成功执行过多次飞行任务,为什么在这次飞行中出现事故,并酿成惨剧了呢?让我们一起进入本节课程。

过渡 视频播放过程中,注意让学生观察航天飞机顶端的情况,从而引入滞止状态。

(2)滞止状态。滞止状态是流体质点由某一个真实状态经过等熵过程或经过假想的等熵过程,速度减少到零时流体的状态。($v=0$)

强调 滞止状态可经过假想等熵过程滞止为零得到。

(3)滞止参数。

过渡 为了分析航天飞机失事的原因,探讨滞止状态的参数情况,分析其所受到的飞行环境。

1)滞止比焓、滞止温度。能量方程为

$$h_1 + \frac{v_1^2}{2} = h_2 + \frac{v_2^2}{2} = C$$

$$T_0 = T_1 + \frac{\gamma-1}{2\gamma R}v_1^2$$

结论:飞行速度比较大,以至达到超声速时,则滞止温度是相当可观的。

当飞行器在温度为288 K的空气中以1 500 m/s的速度飞行时,其滞止温度将达到

$$T_0 = 288 + \frac{1.4-1}{2 \times 1.4 \times 287} \times 1\,500^2 \approx 1\,408(\mathrm{K})$$

"热障问题"

防热:材料、气动设计、弹道设计。

课程思政 航天飞机采用了多种防热材料和防热方法。其中,在它的机翼上采用了碳碳复合材料,可以抵御上千度的高温,在航天飞机腹部,也安装有陶瓷材料制作的隔热瓦。按理说这些防热措施可以抵御住气动加热造成的高温,但还是发生了悲剧。回溯事故原因,经过多年的调查研究,最终发现,由于装配过程中,工作人员操作失误,导致一块泡沫隔热材料安装未达到要求,在航天飞机起飞之后,这块泡沫材料脱落击中了机翼上的防热材料,最终,在返回过程中,损伤逐渐扩大,滞止的高温进入舱体,导致了事故的发生。以此案例,提醒学生养成"严肃认真,周到细致,稳妥可靠,万无一失"工作作风,这16个字也是周恩来总理对我们的要求。

2)滞止压强。等熵关系:

$$\frac{p}{p_0} = \left(\frac{T}{T_0}\right)^{\frac{\gamma}{\gamma-1}}$$

$$\frac{p}{p_0} = \pi(Ma) = \left(1 + \frac{\gamma-1}{2}Ma^2\right)^{-\frac{\gamma}{\gamma-1}}$$

滞止压强、总压的关系式为

$$p_0 - p = \frac{1}{2}\rho v^2$$

应用 皮托管测来流速度。皮托管有两根管子构成,一根测量流体的总压,称为总压管;另一根用于测量流体的静压,称为静压管。将得到的总压和静压代入我们推导得到的上述关系式,就可以方便地测量来流的速度。

3) 滞止密度和滞止声速

$$\frac{\rho}{\rho_0} = \varepsilon(Ma) = \left(1 + \frac{\gamma-1}{2}Ma^2\right)^{-\frac{1}{\gamma-1}}$$

$$\frac{c}{c_0} = \alpha(Ma) = \left(1 + \frac{\gamma-1}{2}Ma^2\right)^{-\frac{1}{2}}$$

结论:气流在等熵流动情况下,随着马赫数的增加气体的压强、密度和温度等参数均是减小的。

(4) 临界状态。定义:速度等于当地声速的状态($v = c$)。

临界参数:临界状态时所具有的气流参数。

$$\frac{c_*}{c_0} = \sqrt{\frac{2}{\gamma+1}}$$

临界截面:状态为临界状态的截面。

举例 拉瓦尔喷管的喉部,此处设计为等声速流动,即处于临界状态,在后续的章节讲解过程中,我们会详细分析和讲解。

(5) 最大速度状态。定义:速度达到最大,焓值为零的状态称为最大速度状态($v = v_{\max}$)。

最大速度 $v_{\max}$ 与静态参数之间的关系为

$$h_0 = c_p T_0 = h + \frac{v^2}{2} = c_p T + \frac{v^2}{2} = \frac{v_{\max}^2}{2}$$

$$v_{\max} = \sqrt{\frac{2}{\gamma-1}\gamma R T_0} = c_0\sqrt{\frac{2}{\gamma-1}} = c_*\sqrt{\frac{\gamma+1}{\gamma-1}}$$

注意:最大速度 $v_{\max}$ 仅仅是一个理想上的极限值,实际上是不可能达到的。这是因为焓值不可能为 0。

课程思政 结合着我们装备使用实际,在某型装备的操作过程中,通过高压气瓶向某部件充放气,操作规程要求过程缓慢,这样做的原因是什么呢?请结合本节课程内容作以简单分析。

3. 小结

知识小结:本节内容以"哥伦比亚号航天飞机失事"引入,首先给出了滞止状态的概念,即一个真实的流动状态经过等熵或假想的登上过程速度滞止为零的状态。而后从能量守恒方程出发,以速度为零、速度等于声速、最大速度三种状态,得到了滞止状态、临界状态、最大速度状态的物理含义。此外,推导了滞止比焓、滞止总温、滞止压强等滞止参数的表达式和相关应用。

方法小结:本节课的教学,以视频为引入,通过对能量守恒方程的推导分析,得到了三种状态的物理含义,并得到了相关参数的表达形式。在讲解总压和静压的过程中,以皮托管测速的应用拓展了学生思维;在讲解最大速度状态过程中,以现有理论解释装备操作规范的科学性,培养了学生理论联系实际的思维方式,学生解决实际问题的能力得到了锻炼。

四、课程思政元素融入

本节内容重点在于让学生能够深刻理解声速和马赫数的本质,并建立实际流动问题的分析思路,通过实例分析锻炼科学思维能力。因此,我们进行课程思政设计过程中,一方面通过简化物理模型的建立,帮助学生掌握科学思维的方法;另一方面通过C919、歼-20等我国工业发展的巨大成就激发学生的爱国情怀和报国热情。根据本课程的课程思政设计原则及方法,本节课程的课程思政设计主要体现在以下几个方面。

1. 科学素养的融入

线上学习部分,学习内容主要包括了滞止状态、临界状态和最大速度状态定义与物理意义,是本节课程的重点。在线下讲解的过程中,以"哥伦比亚号航天飞机失事"引入问题,引起学生兴趣。采用线上视频学习与线下启发式探讨,以能量守恒方程为起点,以实际问题的分析为例,给出滞止状态的定义,引导学生将理论应用于实际问题的科学思维。

2. 价值导向的融入

课程的总体设计,以"哥伦比亚号航天飞机失事"案例为明线,回溯事故原因,由于装配过程中,工作人员操作失误,导致一块泡沫隔热材料安装未达到要求,最终导致了事故的发生,这从反面提醒我们要严谨细致、万无一失。而周恩来总理提出的"严肃认真,周到细致,稳妥可靠,万无一失"十六字方针,则是从正面进一步强调严谨作风和精业精神。

3. 辩证思维的融入

在最大速度状态的讲解过程中,我们强调了现实状态下,这样的最大速度状态无法达到,并且分析了无法达到的原因。我们建立的简化物理模型,往往忽略了很多现实的气体效应,一些模型假设在特定的状态下往往不能全适应,这也就提醒我们在考虑实际问题过程中需要辩证地看待我们所得到的结论,这些结论往往是存在局限性的,也就是说结论往往具有适用条件,而这个条件某些情况下比结论本身更加重要。

4. 专业认同的融入

在探讨最大速度状态过程中,引入了某型装备通过高压气瓶向某部件充放气,操作规程要求过程缓慢这一操作要点,在线下讲解过程中,对该专业装备进行了拓展讲解,并结合本课程内容对这样操作的科学性进行了分析,增加了学生对于未来从事专业的了解,通过这种潜移默化的熏陶和影响,不断建立起学生对于未来从事方向的认同感,从而更有利于课堂教学活动的开展。

案例十六：气流速度与流动截面关系

一、教学目标

1. 知识目标

通过学习，学生能够掌握气流速度与流动截面的关系的推导，能够说出气流速度与流动截面的变化规律。

2. 能力目标

了解气流流速与流动截面关系的实际应用，会分析实际问题；形成辩证看待问题的科学思维。

3. 价值目标

以航天事业发展的目标，培养学生积极向上的价值观。

二、教学内容

本节内容主要是气流速度与流动截面的关系，主要包括：①气流速度与流动截面的关系推导；②物理意义的讨论；③生活实例与工程应用。通过学习，学生：①能掌握气流速度与流动截面关系的推导；②能够分析表达式的物理含义；③会利用相应的关系式解释现实和工程问题。

采用线上视频学习与线下教学相结合，在课堂引入环节，以"日常经验与工程实践矛盾"的问题引入，建立简化物理模型，问题牵引学生建立基本方程，推导出气流速度与流动截面关系的表达式，帮助学生掌握流体运动的分析方法；结合推导结论，分析回答引入部分所提的问题，此外进一步分析了"钱塘江大潮"的原因，结合喷射式真空生器相同结构不同作用的讨论，加深理论理解的同时，培养学生的科学思维和价值观。

三、教学实施

1. 线上学习

学习章节：爆炸气体动力学—学堂在线—2.5节。

学习目标：本节内容以变截面的流管实验引入气流速度与流动截面的关系，通过基本关系式的推导，得到二者间满足的变化关系，探讨其物理意义。结合现实中"钱塘江大潮"的实例，进一步加深对理论的理解掌握。

知识点：①气流速度与流动截面变化关系式的推导；②物理意义的讨论；③变截面气流参数变化规律。

2. 教学过程

（1）引入。

日常经验：用手捏住水管时，水流的速度加快，得出减小流动的流动截面积，可以增加流速。

喷管设计:运载火箭的芯一级发动机喷管扩张,通过增大流动截面积加速气流。

[课程思政] 从 YF-77 喷管的形状引入,为后续我国航天事业发展思政元素埋下伏笔。

[提出问题] 日常经验与工程实践相矛盾,这是为什么?以问题引起学生兴趣。

(2)气流速度与流动截面的关系推导。简化物理模型:

质量守恒:一维定常连续流动

$$\rho v S = C$$

其微分形式

$$\frac{d\rho}{\rho} + \frac{dv}{v} + \frac{dS}{S} = 0$$

动量方程:

$$v dv = -\frac{1}{\rho} dp$$

上式可改写为

$$\frac{d\rho}{\rho} = -Ma^2 \frac{dv}{v}$$

气流速度与流通截面关系:

$$\frac{dS}{S} = (Ma^2 - 1)\frac{dv}{v}$$

从欧拉方程可以看出,在定常流动情况下,有

1)dp 和 dv 的符号始终相反,速度增加 $dv>0$,压强下降 $dp<0$;速度减小 $dv<0$,压强升高 $dp>0$。

2)速度与通流面积的关系特性则是完全取决于气流马赫数的大小。

(3)物理意义的讨论。

1)亚声速流动($Ma<1$)。即 $Ma<1$,$(Ma^2-1)<0$,dS 与 dv 或 dS 与 dMa 符号相反。这时若要使速度增加,通流截面积应缩小;若要使速度减小,通流截面积应扩大。

[呼应] 日常经验捏水管的例子正好就对应了这种情况,这也就解释了为什么挤压水管,水流速度会增大。

2)超声速流动($Ma>1$)。即 $Ma>1$,$(Ma^2-1)>0$,dS 与 dv 或 dS 与 dMa 符号相同。即若要使速度增加,通流截面积应扩大;若要使速度减小,通流截面积应缩小。通流截面积和速度的变化关系与亚声速情况刚好相反。

3)等声速流动($Ma=1$)。即 $Ma=1$,$(Ma^2-1)=0$,这时 $dS=0$。这就意味着在速度等于声速处的通流截面积是一个极值,从数学的角度看,可能是极大值也可能是极小值。

结论:当气体在变截面管道内作等熵流动时,欲使亚声速气流加速就必须使通流截面积缩小;要使超声速气流加速,就必须使通流截面积扩张。

[讨论] 此处的极值究竟是极大值还是极小值?

亚声速气流先在收缩段加速,并在最小截面处达到声速,然后在扩张段继续加速成为超

声速气流。

呼应　YF-77发动机喷管截面形状正是先收缩后扩张的形状,不同位置处气流状态不同。

原因分析:截面变化取决于密度与速度的相对变化量,不同马赫数条件下,气体的可压缩程度不同。

课程思政　YF-77发动机是我国长征五号运载火箭的芯一级发动机,它是一款液氢液氧发动机,它的研制成功,使得长征五号顺利发射。长征五号是我国目前运载能力最强的运载火箭,它可以将25吨的载荷发送至近地轨道,将14吨的载荷发送至同步轨道。有了大推力的火箭,我们相继开展了着陆火星、取回月壤、空间站建设等工程。航天领域的巨大成就,彰显了我国社会主义制度集中力量办大事的优越性,航天探索过程中蕴含的航天精神更是我们中华民族的精神宝库。

（4）生活实例与工程应用。

1)河道的变化引起流速的变化。每逢农历八月十八,无数人前往钱塘江观海潮。大潮的产生有哪些因素?

课程思政　钱塘江潮是我国重要的风景名胜,通过学习,培养学生用理论解决现实问题的科学思维。

2)真空发生器。结合本专业武器装备实际,以某型保障装备中的喷射式真空发生器为例,引导学生分析在真空发生器的喷嘴和排气口,两处相同结构的截面变化和气流变化规律,如图2-16-1所示。

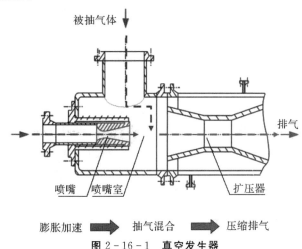

图2-16-1　真空发生器

喷嘴处:流动截面为先收缩后扩张,但气流是膨胀加速的。

排气口:流动截面也为先收缩后扩张,但气流确实压缩减速的。

课程思政　为对比这里的两喷管结构,可以发现,形状变化趋势是一致的,但是发挥的作用却完全不同。这也就告诉我们,认识问题,不能只看表面。事物往往是具有两面性的,在不同的场合初始条件不同,应用的结果也不同,引导学生形成辩证思维能力。

3. 小结

知识小结：本节内容以"日常经验与工程实践矛盾"的问题引入，通过分析缓变截面流动，建立简化模型，推导得到了气流速度与流动截面关系的表达形式，分析该表达式的物理意义，从而回答了引入所提问题；而后，进一步探讨了本节课程内容对生活实例和工程应用的分析，进一步加深了对理论的理解。

方法小结：本节课的教学，以问题为引入，提起了学生兴趣，通过简化分析方法，推导得到了气流速度与流动截面关系，将现实的实例用气体动力学方法进行解释，在解释喷射式真空发射器的过程中，对比了相同结构的不同状态，培养了学生辩证思维，学生理论联系实际，解决实际问题的能力得到了锻炼。

四、课程思政元素融入

本节内容重点在于让学生能够深刻理解声速和马赫数的本质，并建立实际流动问题的分析思路，通过实例分析锻炼科学思维能力。因此，我们进行课程思政设计过程中，一方面通过简化物理模型的建立，帮助学生掌握科学思维的方法；另一方面通过C919、歼-20等我国工业发展的巨大成就激发学生的爱国情怀和报国热情。根据本课程的课程思政设计原则及方法，本节课程的课程思政设计主要体现在以下几个方面。

1. 爱国情怀的融入

讲解过程中以YF-77发动机作为引入素材，该发动机是长征五号的关键部件，在物理含义探讨过程中，引伸至长征五号顺利发射。长征五号是我国目前运载能力最强的运载火箭，它可以将25 t的载荷发送至近地轨道，将14 t的载荷发送至同步轨道。有了大推力的火箭，我们相继开展了着陆火星、取回月壤、空间站建设等工程。航天领域的巨大成就，彰显了我国社会主义制度集中力量办大事的优越性，激发学生的爱国情怀。

2. 科学素养的融入

线下讲解的过程中，采用线上视频学习与线下启发式探讨，以实际问题的分析，结合简化物理分析方法，引导学生将理论应用于实际问题的科学思维。在生活与工程应用讲解过程中，通过对"钱塘江大潮"的分析，一方面祖国的大好河山对学生产生潜移默化的积极影响，另一方面，这种理论联系实际的方法和思维，对于学习掌握知识、解决实际问题具有重要作用。

3. 辩证思维的融入

在对比喷射式真空生器两处喷管结构，尽管前、后两端形状变化趋势是一致的，但是发挥的作用却完全不同，一个用于膨胀加速，而另一个用于压缩排气。这也就告诉我们，认识问题，不能只看表面，事物往往具有两面性，需要根据实际问题区分析所处的实际环境，引导学生形成辩证思维能力。

4. 专业认同的融入

本专业因大量的实践环节都会涉及真空环境，在伯努利方程时已经讲解了该喷射式真空发生器的抽气原理,在本节课与之前的课程相呼应,进一步补充了其所蕴含的科学知识,使得学生对本门课程在专业装备中的应用更加清晰,增加了学生对于专业的了解,不断建立起学生对于未来从事事业的认同感,激发起投身国防的热情,从而更有利于课堂教学活动的开展,也更有利于学生掌握理论知识。

案例十七:微幅波的反射

一、教学目标

1. 知识目标

通过学习,学生能够说出微幅波在三种接触面上的反射的边界条件;理解接触面、声阻抗的概念;掌握在三种接触面上反射后气流参数的变化规律。

2. 能力目标

启发学生思维,培养学生观察生活、分析问题的能力及基本的科学素养,掌握归纳演绎的科学方法。

3. 价值目标

贴近专业特色,培养学生专业认同。

二、教学内容

本节内容主要是微幅波的反射,主要包括:①固定壁面上的反射;②自由面上的反射;③接触面上的反射;④物理现象与工程应用。通过学习,学生:①能掌握三种反射面的边界条件;②掌握三种反射的气流参数变化规律;③会利用相应的关系式解释现实和工程问题。

采用线上视频学习与线下教学相结合,在课堂引入环节,以"混凝土靶板背面产生剥落现象"的仿真问题引入,建立简化物理模型,问题牵引学生建立基本方程,推导得到固定壁面、自由面、接触面三种反射面上的气流参数变化表达式,帮助学生掌握流体运动的分析方法;结合三种反射面的关系,采用归纳演绎的方法,由简单到复杂,由特殊到一般,培养学生的科学思维能力;结合推导结论,分析回答靶板背面未穿透先剥落的原因,此外进一步分析了马赫环的产生以及装备当中的实际应用,培养学生的科学思维和价值观。

三、教学实施

1. 线上学习

学习章节:爆炸气体动力学—学堂在线—3.6节~3.8节。

学习目标:本节内容主要了解一道微幅波在固定壁面、自由面和接触面上反射的问题。根据不同反射界面的边界条件,推导得到不同状态下,反射波的气流参数变化规律。理解声阻抗这一概念的基本含义和物理意义。

知识点：①微幅波在固壁端的反射；②微幅波在敞口端的反射；③微幅波在接触面上的反射。

2. 教学过程

(1) 引入。

仿真视频：一枚钝头弹丸高速撞击有限厚度混凝土靶板，在弹丸侵彻上表面时，还未到达靶板背面时，靶板背面就出现了崩落现象，为什么会出现这种现象，其物理机制是什么？

过渡 带着这个问题，我们开始这一讲的学习，由特殊到一般，首先分析最简单的固定壁面的反射情况。

(2) 固定壁面上的反射。

模型：左端开口、右端封闭的等截面直管，如图 2-17-1 所示。

图 2-17-1 固定壁模型

边界条件：与壁面相邻的气体速度为零（$v_2 = v_0 = 0$）。

动量方程：

$$\delta p_1 = p_1 - p_0 = \rho_0 c_0 (v_1 - v_0)$$

$$\delta p_2 = p_2 - p_1 = -\rho_0 c_0 (v_2 - v_1)$$

结论：

1) 两道波后的速度增量大小相等、符号相反（$\delta v_2 = -\delta v_1$）；

2) 反射波性质与入射波性质相同、强度相等（$\delta p_2 = \delta p_1$）；

3) 固定壁面压强增量是入射波压强增量的两倍（$p_2 - p_0 = \delta p_1 + \delta p_2 = 2\delta p_1$）。

提示 特殊情况 1，在固定壁面反射。

(3) 自由面上的反射。

模型：左、右两端开口的等截面直管，如图 2-17-2 所示。

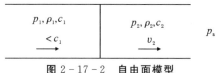

图 2-17-2 自由面模型

边界条件：自由面压强与外界压强相等。

动量方程：

$$\delta p_1 = p_1 - p_0 = \rho_0 c_0 (v_1 - v_0)$$

$$\delta p_2 = p_2 - p_1 = -\rho_0 c_0 (v_2 - v_1)$$

结论：

1) 反射波性质与入射波性质相反、强度相等（$\delta p_2 = -\delta p_1$）；

2) 两道波后的速度增量大小相等、符号相同（$\delta v_2 = \delta v_1$）；

3)自由面速度增量是入射波速度增量的 2 倍($v_2-v_0=\delta v_1+\delta v_2=2\delta v_1$)。

提示　特殊情况 2,在自由面反射。

(4)接触面上的反射。

接触面的定义:两种不同介质、同种介质不同状态的分界面(强调)

图 2-17-3　接触面模型

边界条件:速度相等、压强相等。

声阻抗的定义:$R=\rho c$。

R 的大小代表介质的软硬,刚性的度量。

入射波强度:$\delta p_i=p_3-p_1$,$\delta v_i=v_3-v_1$。

反射波与入射波参数讨论:

介质 I 中的微团由③区→④区,跨过左传波,有
$$p_f-p_3=-R_1(v_f-v_3)$$

介质 II 中的微团由②区→⑤区,跨过右传波,有
$$p_f-p_0=R_2(v_f-v_0)$$

化简得
$$\begin{cases}\delta v_f=\dfrac{2R_1}{R_1+R_2}\delta v_i\\ \delta p_f=\dfrac{2R_2}{R_1+R_2}\delta p_i\end{cases}$$

1)$R_1=R_2$:则 $p_f=p_3$,反射波消失,只有透射波穿过,这种情况叫阻抗匹配。

2)$R_1<R_2$:
$$R_1<R_2\begin{cases}若\,\delta p_i>0,有:\delta p_f>\delta p_i\Rightarrow p_f>p_3\\ 若\,\delta p_i<0,有:\delta p_f<\delta p_i\Rightarrow p_f<p_3\end{cases}$$

表明:在 $R_1<R_2$ 的情况下,反射波的性质与入射波的性质相同,即入射波是压缩波($\delta p_i>0$),反射波也是压缩波,入射波是膨胀波($\delta p_i<0$),反射波也是膨胀波。

3)$R_1>R_2$:
$$R_1>R_2\begin{cases}若\,\delta p_i>0,有:\delta p_f<\delta p_i\Rightarrow p_f<p_3\\ 若\,\delta p_i<0,有:\delta p_f>\delta p_i\Rightarrow p_f>p_3\end{cases}$$

表明:反射波的性质与入射波的性质恰好相反。

4)$R_1\ll R_2$:$\delta p_f\approx 2\delta p_i$,$v_f\approx v_0$,相当于弱扰动波在固定壁面上的反射。

提示　一般到特殊,对应特殊情况 1,固定端反射。

5)$R_1\gg R_2$:$\delta v_f\approx 2\delta v_i$,$p_f\approx p_0$,这相当于弱扰动波在自由面上的反射。

提示　一般到特殊,对应特殊情况 2,自由端反射。

结论：当弱扰动波由软介质进入硬介质时，在接触面上产生一道与入射波性质相同的反射波；若弱扰动波由硬介质进入软介质，则在接触面上产生一道与入射波性质相反的反射波。

呼应 物理机制分析：当钝头弹丸撞击混凝土靶板时，会在其中产生压缩波。当压缩波传播到靶板背面时，接触面是混凝土介质和空气，显然混凝土介质为硬介质，空气介质为软介质。当压缩波由硬介质进入软介质时，在接触面上反射波与入射波性质相反，即反射一道拉伸波。又由于混凝土靶板为脆性材料，当拉伸波造成的拉伸应力大于混凝土材料的抗拉极限时，便会产生靶板背面的崩落。所以，在防护工程中为防止常规打击中的崩落现象，通常会在靶板的背面设计防剥落内衬。坦克、装甲车中通常也都设计有防崩落内衬。

课程思政 当介质阻抗匹配时，不产生反射波。当弱扰动波由软介质进入硬介质时，在接触面上产生一道与入射波性质相同的反射波；若弱扰动波由硬介质进入软介质，则在接触面上产生一道与入射波性质相反的反射波。当入射波由极软介质进入极硬介质时，相当于在固定壁面上的反射，当极硬介质进入极软介质时，相当于在自由面上的反射。这样先由特殊到一般，又从一般到特殊的思维方法就是归纳和演绎。

(5)物理现象与工程应用。马赫环的形成如图 2-17-4 所示。

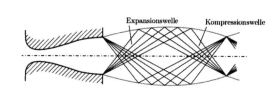

图 2-17-4　马赫环

课程思政 与实际装备相结合，讲解波反射性质与装备设计的联系。

3. 小结

知识小结："混凝土靶板背面产生剥落现象"的仿真问题引入，建立简化物理模型，分析了固定壁面、自由面、接触面三种反射面上的气流参数变化规律，即固定壁面反射波性质与入射波性质相反，固定壁面压强增量是入射波压强增量的 2 倍；自由面上反射波性质与传播速度有关，考虑低速情况，反射波性质与入射波性质相反；接触面上的反射，气流参数变化规律与接触材料的声阻抗大小相关，需要具体分析。

方法小结：本节课的教学，以弹头冲击靶板的问题为引入，激起了学生兴趣，通过简化分析方法，由简到复杂、由特殊到一般，再从一般结论反推特殊情况的变化规律，采用归纳演绎的方法推导得到了一道微辐波反射过后气流参数的变化规律；在解释实际应用的过程中，分析了物理现象，学生解决实际问题的能力得到了锻炼。另外，通过讲解装备中的实际应用,加深学生理解的同时,培养了学生专业认同和爱国情怀。

四、课程思政元素融入

本节内容重点在于让学生能够掌握不同界面微辐波的反射规律,并建立实际流动问题的分析思路,培养学生归纳演绎的科学思维能力。因此,我们进行课程思政设计过程中,一方面通过简化物理模型的建立,帮助学生掌握科学思维的方法;另一方面通过弹头冲击靶板、马赫环等实际应用,培养学生的专业认同和爱国情怀。根据本课程的课程思政设计原则及方法,本节课程的课程思政设计主要体现在以下几个方面。

1. 爱国情怀的融入

讲解应用的过程中,与本节内容结合分析,长征火箭发射过程中,火箭尾部产生的马赫环现象。通过将体现我国社会主义国家发展成就的明星产品思政元素融入课堂教学,这样潜移默化地培养学生的爱国情怀和民族自豪感。

2. 科学素养的融入

线下讲解的过程中,以弹头侵彻靶板的问题分析,结合简化物理分析方法,按由简单到复杂的思路,建立简化物理模型,引导学生将理论应用于实际问题的科学思维;同时在三种不同界面的反射情况下,按照归纳演绎的思路设计课程内容,使得学生科学思维能力进一步得到锻炼。

3. 专业认同的融入

本门课程是本专业的主干专业课程,而现实装备中,蕴含了大量的气体动力学理论相关的知识,通过理论知识的讲解结合"弹头侵彻靶板"等贴合专业装备实际的例子,进一步丰富和课程背景,学生对本门课程在专业装备中的应用更加清晰,学生加深了对专业的了解,潜移默化地培养了他们对专业的认同感,同时这些实例也激起了学生的学习兴趣,使得枯燥的专业知识鲜活起来,有利于理论知识的掌握和应用。

案例十八:活塞运动问题与逃逸速度

一、教学目标

1. 知识目标

通过学习,学生能够说出有限振幅波的传播规律;了解活塞运动问题与逃逸速度;理解逃逸速度无法达到的原因。

2. 能力目标

启发学生思维,使学生能够理解客观事物认识的一般规律,建立的物理模型往往有其局限性,针对实际问题需要实际分析。

3. 价值目标

贴近专业背景,以实际装备应用,引导学生产生专业认同和投身国防事业的热情。

二、教学内容

本节内容主要是活塞运动问题与逃逸速度,主要包括:①问题描述;②物理分析;③逃逸速度。通过学习,学生:①能了解有限振幅福波的传播规律;②了解活塞运动问题流动的基本规律;③理解并掌握逃逸速度无法达到的原因。

采用线上视频学习与线下教学相结合,在课堂引入环节,以"等截面直管中多次抽动活塞,还能看作小扰动波吗?"的问题引入,通过分析有限振幅波的特点,与小扰动波进行对比,强化学生对于非定常运动非线性效应的理解;通过等截面直管中活塞运动问题为实例,分析有限振幅波的运动规律;结合临界速度、逃逸速度这两个速度概念,对于活塞运动问题的特殊波线加以分析;最后结合轻气炮为什么要用氢气以及逃逸速度为什么无法达到的理论分析,进一步加强学生对于问题的理解和应用,培养学生的科学思维和价值观。

三、教学实施

1. 线上学习

学习章节:爆炸气体动力学—学堂在线—3.11节。

学习目标:本节内容根据有限振幅简单波的结论来研究活塞的运动,推导活塞运动产生的稀疏波区域气流参数的计算公式,讨论理论上稀疏波膨胀时的逃逸速度和其现实中不能达到的原因,结合轻气炮原理,加深对逃逸速度的理解掌握。

知识点:①活塞运动产生稀疏波;②不同区域气流参数求解;③逃逸速度。

2. 教学过程

(1)引入。

小扰动微幅波的产生,是由于抽动活塞,对管内气体产生了扰动,我们讲,小扰动条件下,气流参数变化很小,可以做线性化处理,那么在等截面直管中多次抽动活塞,还能看作小扰动波吗?

提问 小扰动微幅波的运动规律?

过渡 压缩波波形随着时间增加变陡而成为冲击波,膨胀波却变得越来越平坦,这种波形发生畸变的原因正是有限振幅波的非线性起作用的结果。

课程思政 微小扰动不断积累也能形成无法线性表示的畸变波形,对我们而言,每一点的努力都会为自己的进步提供力量。

(2)问题描述。在一根无限长直管的左侧有一活塞,如图2-18-1所示。初始时,管内充有状态均匀的静止气体,$c=c_0$,$v_0=0$。活塞由静止连续地向左加速,随即右侧产生一族连续的右传稀疏波。

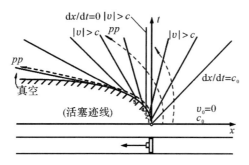

图 2-18-1 活塞运动产生的稀疏波

(3) 物理分析。

活塞的迹线方程为 $X(t)$,速度为 $w(t)=X'(t)$。$w(t)<0$。

跨过右传波,黎曼不变量 J_- 保持不变,v 和 c 的变化遵守如下关系,即

$$v - \frac{2}{\gamma-1}c = -\frac{2}{\gamma-1}c_0$$

式中,c_0 是初始时刻的声速,为常数。

注意 左传波与右传波是相对于气流的方向,而非运动的绝对方向。

引导:抽动活塞,气体膨胀发生什么现象?紧贴活塞的气体运动方向,运动速度会产生什么变化?总结分析得到边界条件。

边界条件:在活塞和气体不分离的情况下,v 是由活塞速度确定的。即与活塞毗邻的气体速度 v 必等于活塞速度 $w(t)$。

在图中可以看到,每一条波线上的 v 值应等于它与活塞迹线交点处(如 $0,1,2,3,\cdots$)的 $w(t)$,由此得到

$$c = c_0 + \frac{\gamma-1}{2}v = c_0 + \frac{\gamma-1}{2}X'(t)$$

则

$$\frac{dx}{dt} = v + c = c_0 + \frac{\gamma+1}{2}X'(t)$$

当 $X'(t)=-2c_0/(\gamma+1)$ 时,$dx/dt=0$,故从活塞迹线上发出一道驻波。此时的气流速度等于当地声速,即 $v=c$,这个气流速度称之为临界声速,用符号 v_* 表示,其绝对值为

$$|v_*| = c_* = \frac{2c_0}{\gamma+1}$$

这条驻立的垂直波线把简单稀疏波分割成两个区域。

注意 驻立在管内的波,可将管内划分为两个区域,注意联系前面课程内容。

右侧区域是亚声速流动区域($|Ma|<1$);

左侧的区域则为超声速流动区域($|Ma|>1$)。

(4) 逃逸速度。若继续加大活塞速度(指绝对速度),气体将继续膨胀,由式(3.8.2)可知,声速 c 可能下降到零。对应的 p,ρ 和 T 也必定为零,达到这个状态对应的活塞速度应为

$$X'(t) = -2c_0/(\gamma-1)$$

与之毗邻的气体速度和它相等,即

$$|v|_{max} = |v|_{逃逸} = \frac{2c_0}{\gamma-1}$$

这个速度叫作逃逸速度,是气体通过稀疏波膨胀加速能够达到的最大极限速度,相当于气体突然向真空中膨胀时获得的速度。

[提问] 这个速度可以达到吗？不能达到的原因是什么？气体液化,而且连续性假设也不再成立。

[拓展] 轻气炮是进行高速碰撞试验的专用设备,可以用于材料在高应变率条件下的力学性能研究,对于国防事业发展具有重要作用。轻气炮往往采用较轻的气体作为驱动源,根据本节内容,较轻的氢气具有较大的声速,其向真空中膨胀的速度更大,这也是选择氢气作为驱动源的原因之一。

[课程思政] 物质的本性即客观实在性,能作用于人们的感官,为人们的感官所感知,为思维所把握。在一定阶段上,由于主、客观条件的限制,人的认识能力是有限的,但随着社会实践的发展,人的认识能力又是无限的,一切尚未被认识的事物终究会被认识。极限速度是在满足连续性假设情况下得到的,然而不满足连续性假设,结论显然是不对的。这也提示我们在学习过程中物理模型具有局限性,使用需要有条件。

3. 小结

知识小结:以"等截面直管中多次抽动活塞,还能看作小扰动波吗？"的问题引入,通过与小扰动波对比分析有限振幅波的特点。在等截面的直管中抽动活塞会产生一族连续的波,而根据连续性假设,我们认为紧贴活塞表面的气流与活塞运动速度相同,根据这个边界条件,可以分析得到活塞以亚声速、声速和超声速运动情况下的波线分布情况。而当当地声速为零时,气流无法通过膨胀再进行加速也就达到了逃逸速度。当然由于活塞运动速度极快时,连续性介质假设不再满足,紧贴活塞表面的气流速度不再是活塞运动速度,此外,由于热力学第三定律,当地的温度不可能降为零,所以逃逸速度也就不可能达到。

方法小结:本节课的教学,以"等截面直管中多次抽动活塞,还能看作小扰动波吗？"的问题引入,通过对比讲解,强化了学生对有限振幅波的理解。以"活塞运动问题"作为有限振幅波的特例,分析其波线分布情况,对于理解波在气流中的传播具有直观形象的作用；最后结合两个特殊的速度状态,即临界速度和逃逸速度,强化学生知识理解的同时,结合"氢气炮"等实例,培养学生的科学思维和价值观。

四、课程思政元素融入

本节内容重点在于让学生理解有限振幅波,并建立起非定常流动问题的分析方法。因此,我们进行课程思政设计过程中,一方面通过对比讲解,和举例分析,帮助学生掌握科学思维的方法；另一方面通过"轻气炮"等与专业相关的装备应用培养学生的专业认同。根据本课程的课程思政设计原则及方法,本节课程的课程思政设计主要体现在以下几个方面。

1. 科学素养的融入

线下讲解的过程中,采用线上视频学习与线下启发式探讨,以"逃逸速度为什么无法达到"的问题分析,引导学生形成科学的认识观和思维方式。极限速度是在满足连续性假设情况下得到的,然而在活塞运动速度极快的情况下,连续性假设条件不再满足,那么理论也就无法与实际相匹配。这也提示我们学习过程中物理模型具有局限性,使用需要有条件。

2. 辩证思维的融入

在讲解活塞运动产生的波线,通过分析可以发现,在活塞运动超过声速时,波线的斜率为负,波线的斜率表达了波线传播的绝对速度。而根据我们判断波传播方向的过程,波的左传右传是相对与气流速度的,因此,尽管波线斜率为负,却并不代表其是左传波。这也就启发我们,认识问题,选择不同的坐标系得到的结论往往也是有差别的,不能只看表面,事物往往是具有两面性的,需要根据实际情况加以分析,引导学生形成辩证思维能力。

3. 专业认同的融入

本专业从事的行业会大量设计爆炸及爆炸效应的作用,气炮是进行高速碰撞试验的专用设备,可以用于材料在高应变率条件下的力学性能研究,在装备生产领域应用极为广泛,在讲解逃逸速度的过程中,通过分析"轻气"的逃逸速度,拓展讲解先进的实验设备,紧贴科技前沿,紧贴专业内涵,从而达到潜移默化培塑学生形成对专业的认同感和自豪感,也从另一方面使得学生产生"学有所用"的获得感,对学生产生正向价值导向的同时,进一步加深了对知识内容的理解。

案例十九:正激波

一、教学目标

1. 知识目标

通过学习,学生能够分析激波的形成过程;理解激波的本质;能够说出激波过后气流参数变化的一般规律;能够推导普朗特关系式。

2. 能力目标

启发学生思维,通过实例分析,引导学生形成理论联系实际,解决实际问题的能力。

3. 价值目标

以航天领域成就,激发学生爱国热情和报国情怀。

二、教学内容

本节内容主要是正激波的基本理论,主要包括:①激波的形成;②正激波后气流参数计算;③激波的应用。通过学习,学生:①能够分析激波的形成过程;②会推导普朗特关系式;③能说出激波过后气流参数的变化规律。

采用线上视频学习与线下教学相结合,在课堂引入环节,以"子弹高速飞行产生激波"的高速摄影引入问题,建立物理模型,分析激波的产生过程,建立一维简化物理模型,引导学生建立基本方程,推导得到普朗特关系式,帮助学生掌握流体运动的分析方法;结合基本方程组,进一步得到激波过后气流参数的变化规律,培养学生的理论联系实际的能力;结合推导结论,分析激波在装备当中的实际应用,培养学生的辩证思维和价值观。

三、教学实施

1. 线上学习

学习章节:爆炸气体动力学—学堂在线—4.2节~4.4节。

学习目标:本节内容主要了解激波。根据质量、动量和能量守恒三大定律,建立正激波前后气流参数关系,推导得到普朗特关系式,说明正激波前后气流速度之间的关系,进而得到正激波后的气流密度、压强、温度、马赫数等参数与正激波前的气流参数及马赫数的关系,并推导得到阮金-雨果尼奥方程,进一步建立激波前后熵值变化关系,了解激波的本质。

知识点:①正激波前、后速度之间的关系(普朗特关系式);②正激波前、后的气流参数;③激波压缩与等熵压缩的比较。

2. 教学过程

(1)引入。子弹飞行高速摄影:子弹在高速飞行过程中产生了黑色的阴影,这个阴影是什么?为什么会出现这种现象,其物理机制是什么?

(2)激波的形成,如图2-19-1所示。

内凹壁面:$Ma_1 > Ma_2$,则 $\mu_1 < \mu_2$。

[提问] 马赫角与马赫数的关系?

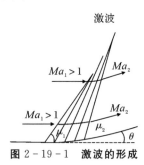

图2-19-1 **激波的形成**

激波产生:气流不断被压缩,各压缩波相交,出现突跃面。

激波:超声速气流内凹角偏转的流动情况下,气流参数的改变将不再是连续而平稳的,而必然存在这样一个不连续的突跃面。

激波实质:激波实际上就是气流参数发生不连续变化的突跃面。激波的热力过程是不等熵的,给飞行造成巨大的激波阻力。

[强调] 形成过程:$S\downarrow \to Ma\downarrow \to \mu\uparrow \to$马赫线相交→参数发生突跃变化,形成激波。

(3)正激波后气流参数计算。概念:波阵面与物体的运动速度相垂直的激波。

> 过渡 正激波与斜激波,这里强调本节课程先研究特殊的激波——正激波,后续再讲解斜激波的问题。

1)基本关系式。

连续方程:
$$\rho_1 v_1 = \rho_2 v_2$$

动量方程:
$$p_2 - p_1 = \rho_1 v_1^2 - \rho_2 v_2^2 = \rho_1 v_1 (v_1 - v_2)$$

能量方程:
$$h_1 + \frac{v_1^2}{2} = h_2 + \frac{v_2^2}{2} = h_0$$

2)速度。普朗特关系式:
$$v_1 v_2 = c_*^2$$

物理意义:正激波前的气流速度必然大于声速,正激波后的气流速度必然小于声速。

$$\frac{v_2}{v_1} = \frac{\gamma-1}{\gamma+1} + \frac{2}{(\gamma+1)Ma_1^2}$$

结论:对一定的气体而言,激波前、后速度之比 v_2/v_1 随着波前气流马赫数 Ma_1 的增大,比值 v_2/v_1 减小。

3)密度。
$$\frac{\rho_2}{\rho_1} = \frac{(\gamma+1)Ma_1^2}{2+(\gamma-1)Ma_1^2}$$

对于一定的气体来说,密度比 ρ_2/ρ_1 随着马赫数的增大而增大。

> 思考 马赫数趋近于无穷,比热比取 1.4,密度比等于 6,有没有办法获得更高的密度比?

4)压强。
$$\frac{p_2}{p_1} = \frac{2\gamma}{\gamma+1} Ma_1^2 - \frac{\gamma-1}{\gamma+1}$$

结论:对一定的气体而言,气流在激波前后的压强比随着 Ma_1 的增大,p_2/p_1 增大。

5)温度。
$$\frac{T_2}{T_1} = 1 + \frac{\gamma-1}{2} Ma_1^2 \left[1 - \left(\frac{\gamma-1}{\gamma+1} + \frac{2}{(\gamma+1)Ma_1^2}\right)^2\right]$$

结论:对一定的气体来说,温度比 T_2/T_1 随着 Ma_1 的增大而增大。

从以上分析可以看出,气流在通过正激波面时,受到强烈的阻滞与压缩,激波过后,气流的速度减小,压强增大,温度升高,密度增大。

> 强调 激波与弱扰动波是有本质区别的。弱扰动波属于绝热而可逆的等熵过程;激波过程是不等熵的。

(4)激波的应用。

1)着陆舱。祝融号火星车成功着陆火星标志着我国成为第三个成功登陆火星的国家,航天领域的重大成就,也体现了我国社会主义制度集中力量办大事的优越性。激波的存在一方面会使得着陆舱前侧产生高温,所以,采用钝头体来降低热流率;另一方面,前侧的压强将远大于着陆舱后侧,又对着陆舱形成了有效的减速。工业设计往往就是一种平衡,单纯的看激波的影响有好有坏,但是合理地运用,也可以发挥激波的作用。

课程思政 激波的应用。事物总有两面性,这就提示我们要辩证地看待问题,一方面激波的存在造成了子弹动能的损失;另一方面,激波也有助于着陆舱减速。

2. 激波风洞

这是我国的爆轰驱动的激波风洞,可以用于模拟高马赫数情况下的流动,在高超声速研究领域具有极为重要的作用,它主要由爆轰驱动段、激波管和喷管三部分组成,各段之间有特制的膜片,当爆炸气体在驱动段爆炸,产生高压气体。会冲破第一膜片进入激波管,形成一道极强的正激波,这道激波将会压缩管内的实验气体,达到第二膜片,压强足够大之后冲破第二膜片,高压气体进入喷管,膨胀加速,从而得到数千米每秒的高速气流,模拟高超声速飞行器的飞行环境。

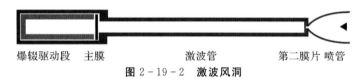

图 2-19-2　激波风洞

课程思政 我国激波风洞的发展促使,高超声速飞行器的发展位于世界前列。这体现了我们社会主义制度的优越性,激发学生民族自豪感。

3. 小结

知识小结:"子弹高速飞行产生激波"的高速摄影引入问题,建立简化物理模型,分析激波的产生过程,即超声速气流流经内凹角的情况下,气流参数受到阻滞,气流参数变化不再是连续而平稳的,而必然存在这样一个不连续的突跃面,激波的本质就是气流参数发生阶跃变化分界面;根据基本方程组推导得到普朗特关系式,在正激波前后气流速度分别是超声速和亚声速两种情况,气流在通过正激波面时,受到强烈的阻滞与压缩,激波过后,气流的速度减小,压强增大,温度升高,密度增大。激波除了会对气流产生阻滞,也有雷素与乘波体、激波风洞等应用。

方法小结:本节课的教学,以"子弹高速飞行"引入问题,提起了学生兴趣,通过抽象建立物理模型,分析激波产生的原因,内容衔接紧密;通过建立一维简化的流动模型,进一步分析了正激波前后的气流参数变化规律;在解释实际应用过程中,一方面讲解激波的阻滞作用,另一方面也将对激波的利用引入课堂,使得能容更加丰富,实例更加鲜活。

四、课程思政元素融入

本节内容重点在于让学生能够深刻激波本质,并能够针对实际问题,抽象建立物理模型,分析实际问题产生的原因。因此,我们进行课程思政设计过程中,一方面通过简化物理模型的建立,帮助学生掌握科学思维的方法;另一方面通过激波风洞、祝融号等实际案例激发学生的爱国情怀和报国热情,同时也对激波的应用进行了拓展,进一步培养学生的辩证思维。根据本课程的课程思政设计原则及方法,本节课程的课程思政设计主要体现在以下几个方面。

1. 爱国情怀的融入

讲解过程中以祝融号再入过程作为应用素材,该探测器的成功着陆火星,标志着我国成为第三个成功登陆火星的国家,凸显了我国航天领域的巨大成就。同时,我国激波风洞的快速发展也高超声速飞行器的发展位于世界前列。这些辉煌成就是社会主义制度优势的集中体现,彰显了我国集中力量办大事的优越性,以此熏陶学生形成爱国主义为核心的价值观。

2. 科学素养的融入

线下讲解的过程中,采用线上视频学习与线下启发式探讨,以实际问题的分析,结合简化模型分析方法,引导学生分析实际问题中激波的产生过程。在分析流动参数变化规律的过程中,通过一维等截面直观内激波前后气流参数变化进一步加强学生对于流动问题分析的理解和掌握,培养学生基本的科学素养。

3. 辩证思维的融入

在子弹飞行过程中,激波的阻滞作用会使得子弹动能损失,从而造成毁伤效应下降,但是在祝融号着陆过程中,正是激波的压缩作用,产生阻力,从而可以给着陆过程中的飞船减速,此外,采用爆轰驱动的激波风洞可以模拟高速流动情况下的气流环境,这也为我们装备的发展提供了重要支撑,由此可见,激波也具有两面性,这也就提示我们,看待问题不能过于片面,要综合了解问题,要具有辩证思维和多向思维。

案例二十:运动冲击波方程

一、教学目标

1. 知识目标

通过学习,学生能够说出极强冲击波与极弱冲击波的基本定义和概念;了解空气中爆炸冲击波的主要特点及描述参数;掌握冲击波的基本性质。

2. 能力目标

能够掌握运动冲击波的分析方法,理解并掌握运动冲击波方程的建立思路。

3. 价值目标

培养学生的爱国主义情怀和问题转化的科学思维。

二、教学内容

本节内容主要讲解运动冲击波方程,主要包括:①基本关系式;②极强冲击波与极弱冲击波;③空气中的爆炸冲击波;④冲击波的基本性质。通过学习,学生:①掌握运动冲击波的分析方法;②了解极强、极弱冲击波的基本方程;③掌握空气中爆炸冲击波的主要参数。

采用线上视频学习与线下教学相结合,在课堂引入环节,以紧贴专业背景的"林俊德院士事迹"作为引入,引起学生兴趣,培养爱国主义情怀。通过建立简化物理模型,引导学生掌握运动冲击波的分析方法,推导极强、极弱冲击波过后的气流参数变化情况,培养学生的科学思维;结合空气中爆炸的冲击波,讲解爆炸风、超压、后置温度等概念,联系专业实际,增强学生的专业认知。

三、教学实施

1. 线上学习

学习章节:爆炸气体动力学—学堂在线—5.3节。

学习目标:本节内容主要是分析爆炸冲击波主要涉及几个主要参数,包括超压、爆炸风速度、爆炸滞止压强、滞止温度以及冲击波的后置温度。

知识点:①超压;②爆炸风速度;③爆炸滞止压强;④滞止温度;⑤冲击波的后置温度。

2. 教学过程

(1)引入。以我国冲击波测量技术发展引入本节课程,结合与我们行业相关的林俊德院士事迹,启发引导学生,了解运动冲击波。

课程思政 林俊德(1938—2012),中国爆炸力学与核试验工程领域著名专家、中国工程院院士。2018年,经中央军委批准,增加"献身国防科技事业杰出科学家"林俊德为全军挂像英模。他在冲击波测量等领域贡献卓著。

(2)基本关系式。按传播方向:右传波和左传波。如图2-20-1所示,设D代表冲击波的绝对速度,U代表冲击波相对波前气体的速度。v_1代表冲击波前气流的运动速度,则

$$右传波:D=v_1+U$$
$$左传波:D=v_1-U$$

提问 非定常问题的处理方法,与运动冲击波有什么类似的地方?

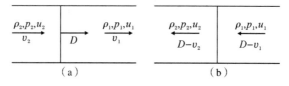

图2-20-1 冲击波方程

(a)真实流场;(b)相对坐标流场

相对速度转化:表示一道右传冲击波冲击波的绝对速度$D=v_1+U$,叠加一个速度$-D=-(v_1+U)$,则冲击波速度变为零。

质量守恒:

$$\rho_1(D-v_1)=\rho_2(D-v_2)$$

动量守恒：
$$\rho_1(D-v_1)^2+p_1=\rho_2(D-v_2)^2+p_2$$

能量守恒方程：
$$u_1+\frac{p_1}{\rho_1}+\frac{1}{2}(D-v_1)^2=u_2+\frac{p_2}{\rho_2}+\frac{1}{2}(D-v_2)^2$$

提问 运动冲击波参数的求解方法，气流参数规律。非定常的运动转化为定常问题。

课程思政 转化和化归思想就是在研究和解决有关数学问题时采用某种手段将问题通过变换使之转化，进而达到解决的一种方法。一般总是将复杂问题通过变换转化为简单问题；将难解的问题通过变换转化为容易求解的问题；将未解决的问题通过变换转化为已解决的问题。运动冲击波的求解就是转化为驻立激波得到的，结合极弱、极强两种冲击波，进一步得到冲击波的参数变化规律。

(3) 极强冲击波与极弱冲击波。冲击波强度参量：
$$\frac{p_2-p_1}{p_1},\ \frac{\rho_2-\rho_1}{\rho_1},\ \left|\frac{v_2-v_1}{c_1}\right|,\ |Ma_s|$$

其中任意一个参量的值越大，表明冲击波越强。

1) 极强冲击波近似公式。当 $M \gg 1$ 时
$$\begin{cases}\dfrac{v_2-v_1}{c_1}\approx\dfrac{2}{\gamma+1}Ma_s\\[4pt]\dfrac{T_2}{T_1}=\left(\dfrac{c_2}{c_1}\right)^2\approx\dfrac{2\gamma(\gamma-1)}{(\gamma+1)^2}Ma_s^2\\[4pt]\dfrac{\rho_2}{\rho_1}\approx\dfrac{\gamma+1}{\gamma-1}\\[4pt]\dfrac{p_2}{p_1}\approx\dfrac{2\gamma}{\gamma+1}Ma_s^2\end{cases}$$

极强冲击波引起的气流伴随速度 v_2 与波速成线性增长关系，压强 p_2 与 D 成平方关系，但密度 ρ_2 却趋于一个常数。

2) 极弱冲击波近似公式。当 $|Ma_s|\to 1$ 或 $|Ma_s-1|\ll 1$ 时
$$\begin{cases}\dfrac{v_2-v_1}{c_1}\approx\pm\dfrac{4}{\gamma+1}(Ma_s-1)\\[4pt]\dfrac{T_2}{T_1}=\left(\dfrac{c_2}{c_1}\right)^2\approx 1+\dfrac{4(\gamma-1)}{\gamma+1}(Ma_s-1)\\[4pt]\dfrac{p_2}{p_1}\approx 1+\dfrac{4\gamma}{\gamma+1}(Ma_s-1)\\[4pt]\dfrac{\rho_2}{\rho_1}\approx 1+\dfrac{4}{\gamma+1}(Ma_s-1)\end{cases}$$

引用增量关系：

$\Delta c=c_2-c_1, \Delta v=v_2-v_1, \Delta p=p_2-p_1, \Delta\rho=\rho_2-\rho_1$ 改写为

$$\begin{cases} \dfrac{\Delta v}{c_1} \approx \pm \dfrac{4}{\gamma+1}(Ma_s-1) \\ \dfrac{\Delta c}{c_1} \approx \dfrac{2(\gamma-1)}{\gamma+1}(Ma_s-1) \\ \dfrac{\Delta p}{p_1} \approx \dfrac{4\gamma}{\gamma+1}(Ma_s-1) \\ \dfrac{\Delta \rho}{\rho_1} \approx \dfrac{4}{\gamma+1}(Ma_s-1) \end{cases}$$

对比 等熵压缩和冲击波压缩。

极弱冲击波近似地等价于连续的等熵压缩波，它是冲击波在 $|Ma_s|\to 1$ 时的极限状态。

(4) 空气中的爆炸冲击波。

1) 爆炸冲击波超压和爆炸风。

冲击波的超压：当爆炸冲击波在大气中推进时，大气压强由 p_1 突跃至 p_2 用符号 Δp 来表示，即

$$\Delta p = p_2 - p_1 = \dfrac{2\gamma(Ma_s^2-1)}{\gamma+1}p_1$$

空气中爆炸产生的冲击波总是超声速的，即 $U>c_1$ 和超压 $\Delta p>0$。但随着传播距离的增加，冲击波强度降低，超压 Δp 将趋于零，波速则趋于声速。因此，爆炸冲击波在空中传播与声波不同。

超压与对比距离的关系：

$$\Delta p = \dfrac{0.082}{\bar{r}} + \dfrac{0.265}{\bar{r}^2} + \dfrac{0.686}{\bar{r}^3}$$

式中，对比距离 $\bar{r}=r/\sqrt[3]{\omega}$。

补充 冲击波超压、比高等为炸药理论学习奠定基础，在冲击波毁伤效应评估等工作中，上述指标应用得很广。

爆炸风：是紧跟在冲击波后的微团猛烈运动的结果，其速度用 v_p 表示。

$$\dfrac{v_p}{c_1} = \dfrac{2(Ma_s^2-1)}{(\gamma+1)Ma_s}$$

2) 爆炸滞止压强和滞止温度。

爆炸滞止压强：爆炸风速 v_p 等熵滞止为零时的压强，用 p_{s2} 表示

$$\dfrac{p_{s2}}{p_2} = \left[1+\dfrac{\gamma-1}{2}\left(\dfrac{v_p}{c_2}\right)^2\right]^{\frac{\gamma}{\gamma-1}} = \left[1+\dfrac{\gamma-1}{2}\dfrac{(v_p/c_1)^2}{(T_2/T_1)}\right]^{\frac{\gamma}{\gamma-1}}$$

爆炸滞止温度：爆炸风速度 v_p 等熵滞止为零时的温度，用 T_{s2} 表示，则

$$\dfrac{T_{s2}}{T_2} = 1 + \dfrac{\gamma-1}{2}\left(\dfrac{v_p}{c_2}\right)^2$$

提问 滞止状态、滞止参数的概念和定义是什么？注意课程内容的前后呼应，学而不思则罔。

3)冲击波的后置温度。爆炸冲击波先将大气压强 p_1 和温度 T_1 迅速提高到 p_2 和 T_2，但随之即产生一族等熵膨胀波，把压强 p_2 降到 p_1，温度也相应降低，但不能恢复成 T_1，而是高于 T_1。

$$\frac{T_t}{T_1} = \left(\frac{c_t}{c_1}\right)^2 = \frac{\left(\frac{p_2}{p_1}+6\right)\left(\frac{p_2}{p_1}\right)^{\frac{5}{7}}}{6\left(\frac{p_2}{p_1}\right)+1}$$

思考 后置温度产生的原因是什么？结合冲击波的实质，引导学生分析得到结论。

$T_t > T_1$，这正是冲击波引起的不可逆能量损失造成的。

(5)冲击波的基本性质。

1)冲击波波阵面通过前后介质的参数是突跃变化的。

2)冲击波的传播过程虽然是绝热的，但却不是等熵的，波后介质的熵值是增加的。

3)冲击波的传播速度相对于波前未扰动介质而言是超声速的，即 $D - v_1 > c_1$；冲击波相对于波后已扰动的介质而言是亚声速的，即 $D - v_2 < c_2$。

4)冲击波传过后，介质获得了一个与波传播方向相同的运动速度，即 $v_2 - v_1 > 0$。

对比 弱扰动波与冲击波的不同性质，进一步串联前后课程内容，构建完善的课程内容体系。

3. 小结

知识小结：采用线上视频学习与线下教学相结合，在课堂引入环节，以紧贴专业背景的"林俊德院士事迹"作为引入，建立了运动冲击波方程的简化物理模型，冲击波前后气流参数将发生非等熵变化，气流参数将产生不可逆的机械能损失。极强冲击波情况下，随着速度增大，密度趋近于一个常数，极弱冲击波近似等价于连续的等熵压缩波。空气中的爆炸冲击波产生的冲击波总是超声速的，并且由于冲击波造成不可逆的能量损失，冲击波过后会有后置温度存在。

方法小结：本节课的教学，以"林俊德院士事迹"的引入，激起了学生兴趣，同时以林俊德院士的工作作为切入点，对于专业从事工作进行了讲解，培养了学生爱国主义情怀；通过简化分析方法，将非定常的运动冲击波方程转化为定常问题，推导得到了运动冲击波过后气流参数的变化规律；采用对比讲解方法，对比等熵压缩和运动冲击波压缩，比较了它们之间的差异，强化了对于基本理论的理解和掌握。

四、课程思政元素融入

本节内容重点在于让学生能够深刻理解运动冲击波方程，并建立非定常问题问题的分析思路。因此，我们进行课程思政设计过程中，一方面通过简化物理模型的建立，帮助学生掌握科学思维的方法；另一方面通过"林俊德院士事迹"激发学生的爱国情怀和专业认同。根据本课程的课程思政设计原则及方法，本节课程的课程思政设计主要体现在以下几个方面。

1. 爱国情怀的融入

林俊德院士作为中国爆炸力学与核试验工程领域著名专家,在冲击波测量等领域贡献卓著。林俊德院士数十年如一日的辛勤工作,对推动我国国防事业发展具有不可磨灭的贡献。讲解过程中以紧贴专业背景的"林俊德院士事迹"作为引入,不仅以科学家精神感召学生,也以其爱国奉献的情怀激励学生,为国家建设多做贡献。

2. 科学素养的融入

线下讲解的过程中,采用线上视频学习与线下启发式探讨,以转化和化归思想建立运动冲击波方程,将复杂问题通过变换转化为简单问题;将难解的问题通过变换转化为容易求解的问题;将未解决的问题通过变换转化为已解决的问题。运动冲击波的求解就是转化为驻立激波得到的。这种思想在实际的问题处理过程中大量适用,对于学生启发思想,形成科学思维具有重要作用。

3. 专业认同的融入

本专业从事的行业大量涉及冲击波效应的评估,在引入过程中,一方面以林俊德院士的事迹感召大家,另一方面,结合林俊德院士的具体工作,使得学生了解冲击波测量及实验技术发展情况,激发学生未来从事本专业工作的饱满热情。在了解空气中的爆炸冲击波过程中,对超压、后置温度、爆炸风的讲解,一方面结合实际实例,另一方面结合炸药理论、内爆力学等,构建起专业课程的知识体系,强化学生的专业认知。

第三部分 "通信原理"课程思政案例

3.1 课程教学目标

一、总体目标

通过本课程的学习,学生将掌握通信的基本原理和关键技术,熟悉数字通信系统中重要环节的基本原理和典型技术,并运用所学的基础理论知识,对不同通信系统进行分析,培养科学严谨的辩证思维、勇于挑战的创新意识、使命光荣的专业认同、忠诚奉献的革命精神。

二、分类目标

1. 知识传授

能够清晰描述通信系统模型,分辨不同通信分类方式,说出评判通信性能的两大重要指标。分析通信信号的时域和频域特点,计算通信信道容量。复述信源编码目的,概括语音信号信源编码的主要方法。区别信道编码和信源编码的目的,阐述差错控制编码的一般原理,计算线性分组码、循环码编译过程中的重要参量。归纳各类数字基带信号的特点,解释码间串扰的机理,列举无码间串扰的基带传输特性。说明数字调制的种类、实现方式、性能特点和典型应用。系统地分析数字通信的同步问题。说明伪随机序列的概念,以 m 序列为例阐述伪随机序列生成方法。

2. 能力培养

通过问题引导,对知识点的逐步剖析,培养发现问题、分析问题、解决问题的能力;通过引入理论在实践中的应用,培养工程意识与工程思维能力;通过融入通信前沿知识,推送相关拓展阅读材料等,培养关注发展前沿、不断求索的自主学习意识与能力。

3. 价值塑造

在体会理论知识本身蕴含的对立统一性、矛盾主次关系、理论与实践辩证关系的过程中,培养科学严谨的辩证思维;在追溯经典理论研究思路,追踪理论发展前沿中,培养勇于挑战的创新意识;在了解我国卫星通信与导航、移动通信等方面的创新发展和不凡成就过程中,培养使命光荣的专业认同;在紧贴教学内容,讲述红色通信历史人物事迹中,培养忠诚奉献的革命精神。

3.2 课程思政总体设计

一、教学对象分析

"通信原理"课程面向通信工程专业大三本科学生开设,大三学生前期已学习"通信信号分析与处理""电磁场与电磁波""通信电子线路"等预修课程,具备一定信号分析基础,了解电磁波特性传播,熟悉通信电子线路相关基础知识。

二、课程思政育人目标

坚持立德树人、为战育人,强化课程育人功能,实现知识传授、能力培养及价值塑造的有机统一,着力培养德才兼备的高素质专业化新型军事人才,"通信原理"课程思政教学目标为:培养科学严谨的辩证思维,培养勇于挑战的创新意识,培养使命光荣的专业认同,培养忠诚奉献的革命精神。

三、课程思政教学实施

1. 课程思政内容设计

针对"通信原理"课程教学既要深化理论又要加强实践的要求,以现代通信系统模型为主线,从时间线、技术线、人物线、事件线等方面挖掘思政素材,凝聚为经典理论研究、红色通信历史、通信创新发展等思政元素,将奈奎斯特、共产党人的精神谱系、我国卫星导航与通信技术腾飞等思政内容融入课程教学,图 3-1 为以现代通信系统模型为主线研究整理"通信原理"课程思政素材的脉络图。

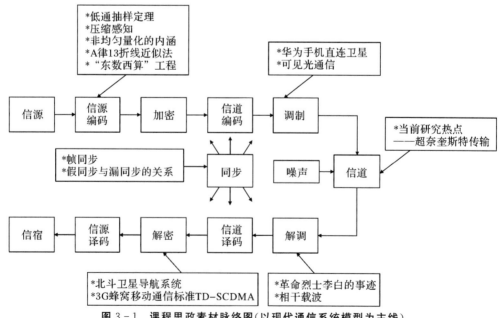

图 3-1 课程思政素材脉络图(以现代通信系统模型为主线)

围绕技术萌芽和改进的时间线、理论探索进步的技术线、重大贡献的人物线、重大工程实践的事件线,挖掘思政素材,使思政教育始终紧贴课程内容,使通信原理不再冰冷抽象,让学习过程温暖、生动,从根本上保证课程思政的质量和效果。

2. 课程思政教学方法

课程思政实施过程中,注重以质量效果为牵引,强调"三合"——思政与内容贴合、与时机吻合、与目标契合,探索"四融"的课程思政教学法——事迹融入、应用融入、热点融入、逻辑融入。注重导学互动和归纳升华,老师深思拓宽与学生亲历细讲相结合,老师引与学生辩相结合,课堂内外相结合,精心设计和组织实施思政的关键节点,追求自然流畅、润物无声,图 3-2 为课程思政"四融"教学法举例。

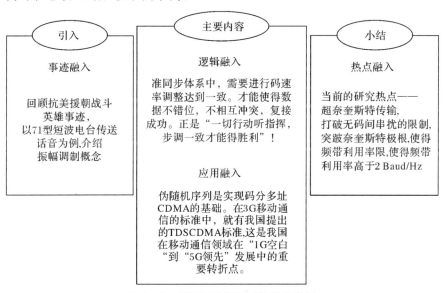

图 3-2 课程思政"四融"教学法举例

在课堂引入阶段,以英雄的事迹、科学家的事迹融入知识点,回溯事迹中通信技术的缘起,思政吻合知识点引入契机,坚定红色通信人的初心使命。在主要内容展开阶段,注重严谨推导和循序渐进的研讨互动,使思政要素与知识点内容贴合,逻辑严密;结合应用进行事件分析,言传身教科学的方法论,使思政元素与通信的原理目标契合,提升岗位认知。在小结阶段呼应知识点提炼思政元素,运用压缩感知、超奈奎斯特传输、可见光通信等热点归纳引申。

3. 课程主要思政元素分析

通过上述方法,课程全面梳理通信理论体系中的思想价值和精神内涵,形成了覆盖课程全部知识点,具有时代特征和人文情怀的思政示范案例素材库。表 3-1 为"通信原理"课程主要思政素材及元素列表。本课程采用的教材为马东堂教授的《通信原理》,由高等教育出版社出版,讲授其中的第 1~7 章、第 9 章以及第 12 章的部分内容。

表 3-1 "通信原理"课程主要思政素材及元素列表

教学内容	思政素材	思政元素	价值目标	课程思政教学方法
第1章 绪论	**天宫课堂第三课** 2022年10月12日,天宫课堂又开课了。绕地球高速运动的中国空间站,在可靠高效的卫星通信技术的支持下,得以实现与地面之间不间断实时高清视频交流	专业认同 专业自豪感	感受通信技术的巨大作用,增强专业认同感;感受祖国科技发展,激发民族自豪感	热点融入法
第2章 通信信号分析基础	**随机变量的数字特征** 随机变量看似捉摸不定,难以描述。但是,抓住其统计量,如期望、方差、相关函数等就能把握其内在规律	辩证思维 把握内在规律	体会用统计的观点看问题,从变化的表象中发现和把握其内在规律	逻辑融入法
第3章 信道	**多普勒效应** 多普勒效应既会引起信号的衰落,影响通信质量。同时,多普勒效应也可以被利用,用于探测、测距等,如多普勒雷达	辩证思维 一分为二看问题	理解和把握事物具有两面性,一分为二地来看待事物。	逻辑融入法
第4章 模拟调制	**抗美援朝战斗英雄的事迹** 采用幅度调制的短波电台在抗美援朝战场上广泛使用。著名影片"英雄儿女"中战斗英雄王成再现了他的原型战斗英雄于树昌,顽强作战直到生命的最后时刻,通过短波电台与我方指挥部取得联络喊出了"为了胜利、向我开炮"引导我方炮火向他所在的阵地位置发起进攻,以小的代价换取了敌方的重大伤亡,沉重打击了以美军为首的联合国军的嚣张气焰,为早日实现停战谈判,争取斗争有力局面做出了巨大贡献	革命精神 牺牲奉献	对战斗英雄舍生忘死、保家卫国、忠诚奉献的革命英雄主义和爱国主义精神产生共鸣	事迹融入法
	我军军用电台的发展历程 1930年12月,在第一次反围剿的龙岗战役中,缴获了"半部电台"。从这"半部电台"起家的无线电通信,以及通信兵们是我军从红军时期到抗日战争、解放战争胜利的关键,在历史上留下了光辉事迹。1941年,毛主席为《通信战士》题词:"你们是科学的千里眼、顺风耳"	专业认同 专业使命感	体悟通信对于战争胜利的极端重要性。激励学员不忘初心,牢记使命	事迹融入法

第三部分 "通信原理"课程思政案例

续 表

教学内容	思政素材	思政元素	价值目标	课程思政教学方法
第5章 模拟信号的数字化	**压缩感知** 压缩感知在采样过程中就完成了数据压缩的过程。如果信号是稀疏的,用很少的采样点,就可以实现和全采样一样的效果,突破了低通抽样定理的约束,并在医疗、图像处理等领域得到有效应用	创新精神 独辟蹊径	体会勇于打破定势思维,实现突破的创新意识	应用融入法
	非均匀量化 语音信号变化范围大,但是,大量为幅度较小的信号。采用均匀量化,对大信号、小信号采用同等间隔进行量化是不合适的。而需要对小信号的量化要用小间隔进行高性能量化,而对大信号可用较大间隔进行量化,即非均匀量化	辩证思维 抓主要矛盾	把握看待问题要分清主要矛盾和次要矛盾,抓住主要矛盾解决问题的辩证法	逻辑融入法
	A律13折线近似法 在工程中,标准的对数压缩特性无法实现,A律压缩特性和μ律压缩特性是两种对标准对数压缩特性的近似处理。同时,精确地实现A律压缩特性也不现实,工程上利用了13根折线来近似A律压缩特性,近似误差在允许范围内,实现简便,应用广泛	辩证思维 抓主要矛盾	认识到保证性能的前提条件下,工程中注重可实现性,实现的便利性	逻辑融入法
第6章 数字基带传输	**"东数西算"工程中贵州的发展** 密勒码用于磁带记录,磁带是数据中心常用的存储介质,具有节能、可靠、安全、廉价等优势。我国的"东数西算"工程2022年启动,全国一体化大数据中心体系完成总体布局设计。其中,贵州由于得天独厚的自然条件和政策支持,成为数据产业的"天然良港",成为全球集聚超大型数据中心最多的地区之一,数字经济增速连续六年位居全国第一(截至2023年)	创新精神 找准比较优势	发现找准自身比较优势,抓住机遇,实现发展的创新发展思路	应用融入法

续表

教学内容	思政素材	思政元素	价值目标	课程思政教学方法
第6章 数字基带传输	**奈奎斯特的研究论文** 在1928年奈奎斯特发表的论文 *Certain Topics in Telegraph Transmission Theory* 中,有一节"Proportionality Between Speed of Signaling and Transmitted Frequency Band",提到电报系统的传输速率与带宽之间有制约关系,提出"理想情况下,带宽有限时,极限传输速率是多少?"的问题,为了回答该问题,定义了码间串扰,得出了无码间串扰传输准则——奈奎斯特系列准则	创新精神 探寻极限	体会理论创新的一种方法——探寻系统性能极限,及其背后追求卓越的精神	逻辑融入法
	超奈奎斯特传输 在频带资源受限条件下,追求更高传输速率,要求进一步提高频带利用率。当前的研究热点——超奈奎斯特传输,就是打破无码间串扰的限制,在有码间串扰的情况下,突破无码间串扰条件下的极限传输性能	创新精神 打破限制	以发展的眼光看问题,树立创新意识,勇于打破限制,追求更高目标	热点融入法
第7章 数字调制	**革命烈士李白的事迹** 在革命战争年代,无线电报是我党搜集情报、指挥战争的"千里眼、顺风耳",发挥着至关重要的作用。在无线电报通信战线上,涌现出了许多英雄人物,比如影片"永不消逝的电波"主人公李侠的原型李白,在抗日战争和解放战争期间,不惧各种艰险危难,在上海建立地下电台向延安发去了许多重要的情报。"电台重于生命,有报必发",他是这样说的,也是这样做的。1948年12月30日,李白在敌人的重重包围中,冒着生命危险按时发出了一封重要情报后被捕。在上海解放前20天,被敌人秘密杀害	革命精神 牺牲奉献	感受到烈士李白对党,对革命事业无比忠诚和大无畏的英雄气概	事迹融入法
	可见光通信 二进制幅移键控对接收信号幅度变化敏感,抗噪声性能不优。除了等幅报,其它无线电通信应用较少。但是,对于通信距离较近的可见光通信,二进制幅移键控却是常用的调制方式,并且能达到较高的信息传输速率	创新精神 扬长避短	体悟到在合适的条件下,扬长避短有利于发展	应用融入法

续 表

教学内容	思政素材	思政元素	价值目标	课程思政教学方法
第7章 数字调制	**华为实现首次大众手机直连卫星进行通信** 2022年9月华为发布的Mate50系列手机,在全球范围内首次实现了大众智能手机直连卫星进行通信,手机能够直连北斗卫星,发送短报文实现卫星通信	专业认同 专业自豪感	对华为实现首次大众手机直连卫星进行通信的成就感到自豪,增强民族自豪感和专业认同感	应用融入法
	相干载波 分析二进制相移键控相干解调的过程中,发现解调用载波如果与发送端调制时所用载波存在相位差,会影响解调结果,甚至会导致解调结果完全与发送数字序列相反,出现反向工作的情况。因此,二进制相移键控相干解调的成功需要严格同频同相的相干载波	专业认同 严谨求实	能够感悟"精准严实,精益求精"作风对于高标准完成工作的重要性	逻辑融入法
第9章 同步与数字复接	**帧同步** 帧同步指在位同步的基础上,识别出数字信息群(字、句、帧)的"开头"和"结尾"位置。如果一帧的"开头"识别错误,将无法正确解读出这一帧数据蕴含的信息。这个"开头"对一帧数据意义的解读都至关重要,"这就像穿衣服扣扣子一样,如果第一粒扣子扣错了,剩余的扣子都会扣错。"就如习近平总书记告诫我们:"人生的扣子从一开始就要扣好。"	专业认同 严谨审慎	领悟要走好人生第一步	逻辑融入法
	假同步与漏同步的关系 降低帧同步中假同步的概率,需要提高判决门限,而降低漏同步的概率,需要降低判决门限。因此,假同步和漏同步之间的关系是矛盾的,属于辩证统一的关系。通信系统中减小一方必然增大另一方,对于不同的通信系统,以及在通信不同阶段需要适时调节两者关系。也就是,需要分清主要矛盾和次要矛盾,选择优先降低假同步概率,还是降低漏同步概率	辩证思维 矛盾的对立统一	体会矛盾关系,体悟实际工作中需要区分主要矛盾和次要矛盾	逻辑融入法

续表

教学内容	思政素材	思政元素	价值目标	课程思政教学方法
第9章 同步与数字复接	**准同步数字体系** 准同步数字体系中低次群向高次群复接时,由于各低次群相互未严格同步,需要进行码速率调整,才能使得数据不错位,不相互冲突,复接成功	革命精神听党指挥	体悟一切行动听指挥,步调一致才能得胜利	逻辑融入法
第12章 扩频通信	**北斗卫星导航系统** 北斗卫星导航系统是是中国着眼于国家安全和经济社会发展需要,自主研制和建设的全球卫星导航系统,为全球四大卫星导航系统之一。从20世纪80年代开设探索适合国情的卫星导航系统发展道路,形成了"三步走"发展战略。分别于2000年底、2012年底建成了服务中国及周边的"北斗一号"系统和覆盖亚太地区的"北斗二号"系统。2020年,建成覆盖全球的北斗三号系统,各项性能指标为世界一流水平,全面服务于国防、交通、农、林、渔、公安、电力、金融等方方面面,是国家重要的时空基础设施	专业认同感专业使命感	体会"自主创新、开放融合、万众一心、追求卓越"的新时代北斗精神,感受自立自强的奋斗热情,增强专业认同感	应用融入法
	3G蜂窝移动通信标准 TD-SCDMA TD-SCDMA 是英文 Time Division-Synchronous CodeDivision Multiple Access(时分同步码分多址)的简称,它是以我国知识产权为主的、被国际上广泛接受和认可的无线通信国际标准,也被国际电信联盟 ITU 正式列为第三代移动通信空口技术规范之一。这是中国移动通信界的一次创举和对国际移动通信行业的贡献,也是中国在移动通信领域取得的前所未有的突破	专业认同感	对 TD-SCDMA 标准被采纳为 3G 标准,成为我国在移动通信领域由受制于人、追赶、到并跑,直到5G时代领跑中的重要里程碑事件感到自豪,增强专业认同感	应用融入法

案例二十一:幅度调制基本原理

一、教学目标与设计

1.计划学时
2学时(90分钟)。

2.教学目标
【知识目标】
(1)阐述调制的定义、载波调制的思想。
(2)说明幅度调制的主要方式,已调信号频谱特点、调制方法。
(3)对比几种幅度调制方法的特点,列举典型应用。

【能力目标】
(1)培养理论联系实际的能力。
(2)培养分析问题,解决问题的能力。

【价值目标】
(1)对抗美援朝战场上,战斗英雄使用振幅调制无线电台实现话音火力指挥,舍生忘死、保家卫国、忠诚奉献的革命英雄主义和爱国主义精神产生共鸣。
(2)能够体会载波调制思想与我国古人两千多年前就指出的善于学习利用工具、借助外力拓展能力范围的智慧相契合,增强文化自信。
(3)体会理论与实践之间的辩证关系,引导学生把握理论指导实践,实践丰富理论的知行统一观。

3.思政素材
(1)抗美援朝战斗英雄的事迹。短波电台在抗美援朝战场上广泛使用。著名影片《英雄儿女》中战斗英雄王成再现了战斗英雄于树昌的事迹,他顽强作战直到生命的最后时刻,通过短波电台与我方指挥部取得联络喊出了"为了胜利、向我开炮"的壮烈豪言,引导我方炮火向他所在的阵地位置发起进攻,以小的代价换取了敌方的重大伤亡,沉重打击了以美军为首的"联合国军"的嚣张气焰,为早日实现停战谈判,争取斗争有力局面做出了巨大贡献。
(2)我国战国思想家荀子《劝学》。我国战国思想家荀子在其名篇《劝学》中写到"假舆马者,非利足也,而致千里;假舟楫者,非能水也,而绝江河",意为驾乘马匹的人,自己不一定能走很远,但是乘上马匹就能驰骋千里;乘坐舟船的人,自己不一定会游泳,但是乘上舟船却能渡过江河。

我国两千多年前思想家荀子的智慧——善于学习和利用工具、借助外力拓展自身的能力,揭示了载波调制的思想:不适合信道传输的信号,搭载在较高频率的载波上,变为能够在该信道中实现远距离传输的形式。其中,载波就如匹马、舟船一样,使得信号能够致千里、绝江河。

(3)理论与实践的辩证关系。理论与实践之间的辩证关系:理论在指导实践的过程中,常遇到之前未预想到的矛盾问题,在解决矛盾问题的过程中,不断丰富原理论,而使其能更好地指导实践,而且,这个过程很可能会循环出现。正如毛主席在《实践论》中写到的:实践、认识、再实践、再认识,这种形式,循环往复以至无穷,而实践和认识之每一循环的内容,都比较地进入高一级的程度。这就是辩证唯物论的全部认识论,这就是辩证唯物论的知行统一观。

二、教学流程设计

以影片"英雄儿女"中,以战斗英雄于树昌为原型的主人公王成在阵地即将失守的关键时刻通过无线电台与指挥部取得联络,喊出"为了胜利,向我开炮"作为引入。提出问题:"语音如何通过无线电实现远距离传输?"引出本次课的内容。

1. 幅度调制基本概念

回答"语音如何通过无线电实现远距离传输?"的提问。如果语音直接通过天线发射,要求天线尺寸过大,提出提高工作频率以缩短天线尺寸,引出频谱搬移的思想。给出调制的定义:把信号转换成适合在信道中传输形式的过程。狭义的调制就是载波调制:将信号搭载在较高频率的载波上,实现频谱搬移,如图3-21-1所示。

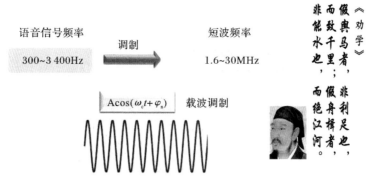

图3-21-1 调制:把信号转换成适合在信道中传输形式的过程

【思政融入】

以我国战国末期思想家教育家荀子在《劝学》中的句子:"假舆马者,非利足也,而致千里;假舟楫者,非能水也,而绝江河",说明载波调制带来的启示:原本不适合信道传输的信号,搭载在载波上后,变为能够在该信道中实现远距离传输的形式。其中,载波就如马匹、舟船一样,使得信号能够致千里、绝江河。启示学生善于借助外力,利用工具,来拓展自身的能力。

2. 振幅调制(AM)

由《英雄儿女》中王成使用的71型短波电台传输素语音时就是用语音信号控制载波幅度变化,引出振幅调制。

问题牵引 以"如何生成AM信号?"→"振幅调制是否实现了信号的频谱搬移?"→"AM信号有用功率所占比例如何?"等问题串起AM调制模型、频谱分析、功率分配的讲解。

3. 抑制载波的双边带调制(DSB-SC)

提问过渡　以"如何提高 AM 信号的调制效率?"的提问,引出抑制载波的双边带调制(简称 DSB)。

介绍 DSB 信号的时域表达式、频谱特性(见图 3-21-2)。

雨课堂答题:

以下关于 DSB 信号频谱说明正确的是

A. 上边带与下边带携带的调制信号相同。

B. 上边带与下边带携带的调制信号不同。

C. 必须同时接收上边带和下边带才能解调出原调制信号。

D. 仅由上边带或下边带即可解调出原调制信号。

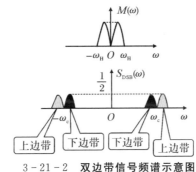

3-21-2　双边带信号频谱示意图

通过雨课堂答题,引导学生观察 DSB 信号频谱特性,思考:如何提高频谱利用率? 引出单边带调制。

4. 单边带调制(SSB)

(1)滤波法。介绍滤波法实现单边带调制的一般理论模型。提问:"如何用滤波法在短波电台(1.6～30 MHz)中实现语音信号(300～3 400 Hz)单边带调制?"得出工程约束条件下的滤波法单边带调制模型,如图 3-21-3 所示。

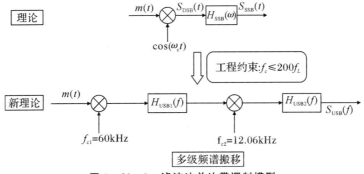

图 3-21-3　滤波法单边带调制模型

【思政融入】

对语音信号短波电台中滤波法实现单边带调制的分析,发现理论模型在工程约束条件下演进为实际中常用的多级频谱搬移的结构。这样揭示了理论与实践之间的辩证关系:在理论在指导实践的过程中,常常会出现之前意想不到的矛盾问题,在解决实际问题的过程中,不断丰富理论,从而能够更好地指导实践。

(2)相移法。当调制信号低频信号丰富时,滤波法不再适用,引出相移法。

5. 幅度调制信号的解调

总结分析:总结以上四种幅度调制信号的频谱特性,揭示幅度调制的本质是,与载波相乘,实现频谱搬移。

提问过渡　解调就是"再一次进行频谱搬移",是不是可以"再与载波相乘"? 引出"相干解调法"。

时域分析:AM、DSB、SSB 的相干解调过程。

引导:回顾 AM 已调信号特点,启发得出"包络检波法"

6. 幅度调制的应用

早期战场应用:幅度调制技术的短波电台,比如 71 型、702 型短波电台,早在抗美援朝战场上就有广泛应用,如图 3-21-4 所示。

图 3-21-4　幅度调制的早期战场应用

【思政融入】

呼应引入,结合课前预习材料,叙述早在 70 多年前的抗美援朝战场上,志愿军战士们就采用了幅度调制技术的短波电台,比如 71 型、702 型短波电台,英勇作战,舍生忘死,立下了不可磨灭的战功。使得学生对舍生忘死、保家卫国、忠诚奉献的革命英雄主义和爱国主义精神产生共鸣。

现役电台装备:略。

拓展阅读:阅读雨课堂推送的"短波电台单边带调制"技术资料,讨论实现方法。

案例二十二:模拟信号的抽样

一、教学目标与设计

1. 计划学时

1 学时(45 分钟)。

2. 教学目标

【知识目标】

(1)描述模拟信号数字化的基本方法。

(2)解释信号经过低通抽样前后频谱的变化。

(3)阐述抽样信号重建的方法。

【能力目标】

(1)提升分析问题和解决问题的能力。

(2)关注发展前沿,培养自主学习意识。

【价值目标】

(1)能够从对教材低通抽样定理表述的反思中,获得启示:对于教材或其他"权威信息"也不能全盘接受,需要保持思考,培养质疑意识。

(2)能够从特定条件下,压缩感知地以远低于采样定理要求的采样点,实现信号重建的事例中,获得启发,打破定势思维,实现突破。

3. 思政素材

(1)对教材中低通抽样定理表述的反思。教材中低通抽样定理的表述不够严谨,存在特例。由此,提示学生对于教材或者其他"权威信息"也不能全盘接受,需要保持思考和批判精神。

(2)压缩感知技术。压缩感知在采样过程中就完成了数据压缩的过程。如果信号是稀疏的,用很少的采样点,就可以实现和全采样一样的效果,突破了低通抽样定理的约束,并在医疗、图像处理等领域得到有效应用。启迪学生勇于打破定势思维,提升创新意识。

二、教学流程设计

提问"为什么要将模拟信号进行抽样?"引入。回顾数字信号的优点,指出模拟信号需要进行数字化,简单介绍模拟信号数字化的过程,作为引入。

1. 抽样问题

抽样的目的就是使得由抽样后的信号可以重建(恢复)原始模拟信号。

理想抽样,如图 3-21-1 所示。

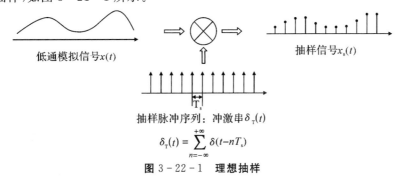

图 3-22-1 理想抽样

频域分析:时域相乘→频域卷积,如图 3-22-2 所示。

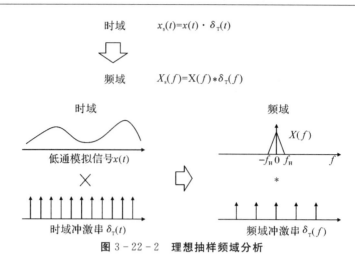

图 3-22-2　理想抽样频域分析

2. 低通抽样定理（教材表述）

一个频带限制在 $(0, f_H)$ 内的时间连续信号 $x(t)$，如果抽样频率 $f_s \geqslant 2f_H$，则可以由样值序列 $\{x(nT_s)\}$ 无失真地重建和恢复原始信号，其中 $T_s = 1/f_s$。

[提问] 教材上给出的"低通抽样定理"是否完全正确？是否存在特例？促进学生思考。

3. 分情况分析

(1) 当 $f_s < 2f_H$ 时，频谱混叠。

[举例] 以 $f_H = 2/3 f_s$ 为例，看样值恢复信号频率值，如图 3-22-3 所示。

当信号频率 $f_H = 2/3 f_s$，抽样频率为 f_s 时，经过截止频率为 $f_s/2$ 低通滤波器，恢复的信号频率为 $f_H' = 1/3 f_s$，出现频率混叠现象。

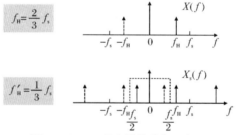

图 3-22-3　频率混叠现象示意图

(2) 当 $f_s = 2f_H$ 时，存在特例，如图 3-22-4 所示。

[举例] 以单频点余弦信号为例，每周期抽取 2 个点。

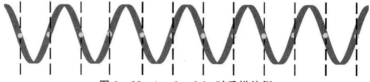

图 3-22-4　$f_s = 2f_H$ 时采样特例

当采样点恰为余弦信号相位为 $\pi/2 + 2n\pi$、$3\pi/2 + 2n\pi (n \in \mathbf{N})$ 时，抽样值恰好都为 0（虚

线位置对应处)！不能恢复出原余弦信号。

(3)当 $f_s > 2f_H$ 时,可无失真恢复原信号。

4. 低通抽样定理

低通抽样定理＊(摘自奥本海姆《信号与系统(第2版)》)：

设 $x(t)$ 是某一个带限信号,在 $|f| > f_H$ 时,$X(f)=0$。如果抽样频率 $f_s > 2f_H$,其中 $T_s = 1/f_s$,那么 $x(t)$ 就唯一地由其样本 $x(nT_s)$,$n=0$,± 1,± 2,…所确定。

已知抽样值,能用如下方法重建 $x(t)$：产生一个周期冲激串,冲激幅度就是各个样本值；再将该冲激串通过一个增益为 T_s,截止频率大于 f_H,小于 $f_s - f_H$ 的理想低通滤波器,其输出就是 $x(t)$。

【思政融入】

教材中低通抽样定理的表述不够严谨：当抽样频率 f_s 等于 $2f_H$ 时,存在不能恢复出原模拟信号的特例。由此,提示学生对于教材或者其他"权威信息"也不能全盘接受,需要保持思考,培养质疑意识。

5. 信号的重建

频域：通过截止频率为 $f_s/2$ 的理想低通滤波器。

时域：

$$x'(t) = \sum_{n=-\infty}^{+\infty} x(nT_s)\mathrm{Sa}[f_H(t-nT_s)]$$

6. 新技术拓展

压缩感知：在已知信号稀疏性的情况下,可能凭借较采样定理所规定更少的采样数重建原信号,在医疗、图像处理等领域得到有效应用。

【思政融入】

在一定条件下,"定理"也能被突破。启迪学生勇于打破定势思维,质疑已有定理,提升创新意识。

拓展阅读：阅读雨课堂推送的关于压缩感知的文献。

案例二十三：抽样信号的量化

一、教学目标与设计

1. 计划学时

1学时(45分钟)。

2. 教学目标

【知识目标】

(1)说明均匀量化过程,影响均匀量化信噪比的因素。

(2)阐述均匀量化不适用于语音信号的原因。

(3) 以 A 律 13 折线法为例,描述语音信号的非均匀量化过程。

【能力目标】

(1) 提升分析问题和解决问题的能力。

(2) 培养理论联系实际的工程思维。

【价值目标】

(1) 能够从语音信号的非均匀量化相比于均匀量化,可用较少的量化电平就能实现较好的量化效果中,领会到具体问题要具体分析,分清问题的主要矛盾和次要矛盾,抓住主要矛盾可提高工作成效的辩证思想。

(2) 能够从 A 律 13 折线近似实现标准对数压缩特性,实现简便而应用广泛的实例中,体会工程中注重可实现性,以及实现的便利性,误差允许的近似法在工程实践中广泛使用的工程思维。

3. 思政素材

(1) 语音信号的非均匀量化。语音信号动态范围大,大多为幅度较小的信号。可对小信号要用小间隔进行量化,而对大信号可用较大间隔进行量化,即非均匀量化。8 bit 非均匀量化就能达到接近 12 bit 均匀量化的量化效果。启发学生,在工程实践中,对于具体问题要具体分析,分清问题的主要矛盾和次要矛盾,抓住主要矛盾可提高工作成效的辩证思想。

(2) A 律 13 折线近似法。在工程中,标准的对数压缩特性无法实现,A 律压缩特性和 μ 律压缩特性是两种对标准对数压缩特性的近似处理。同时,精确地实现 A 律压缩特性也不现实,工程上利用了 13 根折线来近似 A 律压缩特性,近似误差在允许范围内,实现简便,应用广泛。启发学生认识到,在保证性能的前提条件下,工程中注重可实现性,以及实现的便利性,培养工程思维。

二、教学流程设计

提问"模拟信号经过抽样得到的信号是数字信号吗?"引入。回顾模拟信号数字化的过程,指出量化是模拟信号数字化的重要环节,引出本次课。

1. 量化的基本概念

量化:近似过程,以一定的误差为代价,使无限精度(或较高精度)的数值可以用较少的数位来表示。

[举例] 以"四舍五入"为例,讲解量化的基本概念。

2. 均匀量化

(1) 定义:量化间隔相等的量化器。

(2) 量化信噪比:

$$\left(\frac{S}{N}\right)_{q\_dB} = 6.02n + 4.77 + 20\log_{10}D \text{(dB)}$$

其中:

$$D=\frac{x_{\text{rms}}}{V}$$

[提问] 观察量化信噪比表达式,如何提高量化信噪比?

(3)量化信噪比分情况分析。

1) 输入信号为幅值 A_m 的正弦波时

$$\left(\frac{S}{N}\right)_{\text{q正弦Pk\_dB}}=6.02n+1.76(\text{dB})$$

2) 输入为 $[-V,V]$ 内均匀分布的信号时

$$\left(\frac{S}{N}\right)_{\text{qAvr\_dB}}=6.02n(\text{dB})$$

3) 语音信号:近似拉普拉斯分布

过载噪声很小时:

$$\left(\frac{S}{N}\right)_{\text{q\_dB}}\approx 6.02n+4.77+20\lg_{10}D(\text{dB})$$

过载噪声为主时:

$$\left(\frac{S}{N}\right)_{\text{q\_dB}}\approx -10\lg_{10}(\text{e}^{-\sqrt{2}/D})\approx \frac{6.1}{D}(\text{dB})$$

已知:语音信号动态范围:40~50 dB。

工程设计要求:量化信噪比至少 26 dB,才能实现较好的语音通话质量。

[提问] 若进行均匀量化,对于语音信号,量化信噪比要达到至少 26 dB,至少需要多少位的量化器?

课堂答题:

例:假定信号平均功率为 -40 dB(相对于量化范围),计算

(1) 8 bit 均匀量化器的信噪比;

(2) 12 bit 均匀量化器的信噪化。

通过课堂答题计算,引导学生回答以上提问:语音信号平均功率较小,8 bit 均匀量化时,量化信噪比不足 13 dB,不能满足工程设计要求;12 bit 均匀量化时,量化信噪比超过 37 dB,才能满足工程设计要求。

3. 非均匀量化

(1)基本思想。

目的:使得大信号、小信号的量化信噪比尽量接近。

[引导] 带领学生观察均匀量化下量化信噪比公式,引导学生分析得出非均匀量化的思路。

思路:量化间隔随信号抽样值不同而变化,抽样值小→量化间隔小,抽样值大→量化间隔大,即非均匀量化。

(2)实现方法。对抽样值进行对数压缩特性压缩映射后,再进行均匀量化,实现非均匀量化,如图 3-23-1 所示,并见表 3-23-1。

[提问] 对数压缩特性,工程上能否实现?如何调整,可在工程上实现?提醒学生注意工程实践与理论之间的不同,并引导学生思考解决方法。

1) A 律压缩特性。

$$f(x)=\begin{cases} \dfrac{Ax}{1+\ln A}, & 0\leqslant x\leqslant \dfrac{1}{A} \\ \dfrac{1+\ln Ax}{1+\ln A}, & \dfrac{1}{A}\leqslant x\leqslant 1 \end{cases}$$

2) μ 律压缩特性。

$$f(x)=\dfrac{\ln(1+\mu x)}{\ln(1+\mu)},0\leqslant x\leqslant 1$$

3) A 律 13 折线。

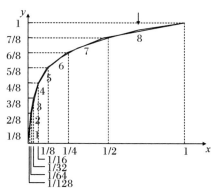

3-23-1　A=87.6 时的 A 律压缩特性

表 3-23-1　13 折线与 A 律压缩特性的比较

y	0	1/8	2/8	3/8	4/8	5/8	6/8	7/8	1
A 律的 x 值	0	$\dfrac{1}{128}$	$\dfrac{1}{60.6}$	$\dfrac{1}{30.6}$	$\dfrac{1}{15.4}$	$\dfrac{1}{7.79}$	$\dfrac{1}{3.93}$	$\dfrac{1}{1.98}$	1
13 折线法的 x 值	0	$\dfrac{1}{128}$	$\dfrac{1}{64}$	$\dfrac{1}{32}$	$\dfrac{1}{16}$	$\dfrac{1}{8}$	$\dfrac{1}{4}$	$\dfrac{1}{2}$	1
折线段号	1	2	3	4	5	6	7	8	

【思政融入】

标准的对数压缩特性无法工程实现,A 律压缩特性和 μ 律压缩特性是两种对标准对数压缩特性的近似处理。同时,精确地实现 A 律压缩特性也不现实,工程上利用了 13 根折线来近似 A 律压缩特性,近似误差在允许范围内,实现简便,应用广泛。启发学生认识到,在保证性能的前提条件下,工程中注重可实现性,以及实现的便利性,培养工程思维。

量化间隔划分(见图 3-23-2):A 律 13 折线法中,共划分位 16 段,每段平均划分为 16 个量化区间,共 256 个量化区间。

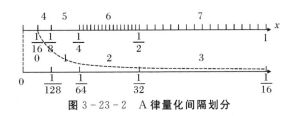

图 3-23-2 A 律量化间隔划分

提问 如果对 A 律 13 折线法中的量化区间进行编码,需要几位?(8 位)如果以 A 律 13 折线法中的最小量化间隔 Δ 作为均匀量化的量化间隔,编码需要几位?(12 位)

【思政融入】

语音信号动态范围大,但是,大量为幅度较小的信号。可对小信号要用小间隔进行量化,而对大信号可用较大间隔进行量化,即非均匀量化。8 比特非均匀量化就能达到接近 12 比特均匀量化的量化效果。启发学生,在工程实践中,对于具体问题要具体分析,分清问题的主要矛盾和次要矛盾,抓住主要矛盾可提高工作成效的辩证思想。

拓展实验:利用校园网虚拟仿真实验平台完成"抽样定理"仿真实验。

案例二十四:时分复用

一、教学目标与设计

1.计划学时

1 学时(45 分钟)。

2.教学目标

【知识目标】

(1)说出准同步数字体系的分类。
(2)说明准同步数字体系 E 体系中,高次群与低次群的关系。
(3)阐述准同步数字体系 E 体系一次群的帧结构。

【能力目标】

(1)提升分析问题和解决问题的能力。
(2)培养关注发展前沿,自主学习意识。

【价值目标】

能够由码速率调整过程中追求"步调一致"方能实现复接成功,体会"一切行动听指挥,步调一致才能得胜利",并升华至自觉增强"看齐意识"的重要性,强化听党指挥的意识。

3.思政素材

准同步数字体系中数字复接的正码速率调整。准同步数字体系中低次群向高次群复接时,由于各低次群相互未严格同步,需要进行码速率调整,才能使得数据不错位,不相互冲突,复接成功。正是:"一切行动听指挥,步调一致才能得胜利"。可升华至党员要自觉增强

"看齐意识",经常主动向党中央看齐,向党的理论和路线方针政策看齐,才能形成坚强的战斗力,从而有效履行新时代人民军队使命任务。

二、教学流程设计

以生活中的常见示例(如多辆车共用一个车道,多人共用一台电梯等)进行类比,引导学生分析高效利用资源进行传输,引出本次课。

1. 多路复用

(1)定义:将多个用户的信息用某种方式连接在一起,用同一信道传输。
(2)分类:常用的多路复用技术:频分复用、时分复用、码分复用。

2. 时分复用的原理

(1)定义:将传输时间分为多个互不重叠的时隙,利用不同时隙传输各路信号,如图 3-24-1。
(2)时分复用 PCM(脉冲编码调制)通信系统。以三路模拟信号在抽样、量化、编码的变换过程中实现时分复用为例,展示 TDM-PCM 系统工作过程,如图 3-24-2。

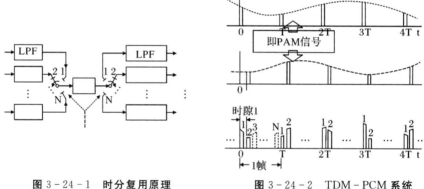

图 3-24-1 时分复用原理   图 3-24-2 TDM-PCM 系统

[提问] 如果某路信号的采样时刻出现偏差,会出现什么情况?引导学生思考各路时钟同步对实现时分复用的重要性。

3. 准同步数字体系 PDH

(1)准同步的概念及系统实现。各路采用高精度时钟(仍存在微小偏差)→复用时调整码速率→准同步。

准同步数字复接系统方框图,如图 3-24-3 所示。

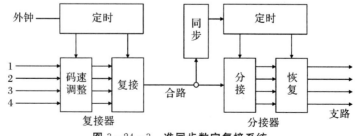

图 3-24-3 准同步数字复接系统

(2)ITU 的两个准同步数字体系(PDH)标准。

中国、欧洲:E 体系;北美、日本:T 体系(见表 3-24-1)。

表 3-24-1　PDHT 体系

地区	一次群（基群）	二次群	三次群	四次群	五次群
北美	24 路 1 544 kb/s	96 路 (24×4) 6 312 kb/s	672 路 (96×7) 44 736 kb/s	4 032 路 (672×6) 274 176 kb/s	8 064 路 (4032×2) 560 160 kb/s
日本			480 路 (96×5) 32 064 kb/s	1 920 路 (480×4) 139 264 kb/s	7 680 路 (1 920×4) 565 148 kb/s

(3)E 体系的结构,如图 3-24-4 所示。

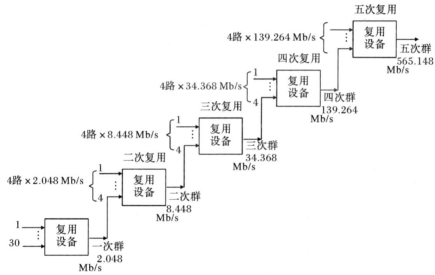

图 3-24-4　PDHT 体系

[提问]　观察 E 体系内高次群与低次群的关系。如,二次群传输路数是一次群传输路数的 4 倍,传输速率也是 4 倍的关系吗? 引导学生思考码速率调整的作用和影响。

(4)正码速调整,如图 3-24-5 所示。

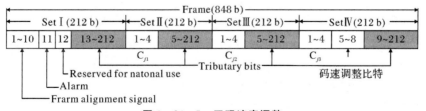

图 3-24-5　正码速率调整

[类比]　队列行进中,个人步调与集体步调不一致时,易与前后人员碰撞踩脚(非严格同

步带来的复接困难),需要以更高的步速调整步调(加入更多的码元),最终使得步调一致(复接成功)。

【思政融入】

准同步体系中,需要进行码速率调整达到一致才能使得复接成功,数据不错位,不相互冲突。正是"一切行动听指挥,步调一致才能得胜利!"可升华至"四个意识"中的"看齐意识":全党必须全面与党中央保持高度一致,在思想上、政治上、行动上全方位向党中央看齐。

(5)E体系基群帧结构,如图3-24-6所示。

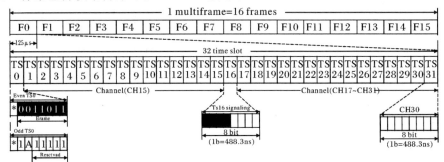

图3-24-6　E体系基群帧结构

讨论　准同步数字体系PDH存在哪些局限性?

1)无全球统一标准,E体系、T体系信息速率不同,全球互联困难。

2)PDH以传输数字话音为主,对非话音业务支持能力非常有限。

3)由于各路时钟存在差异,PDH必须进行码速率调整实现同步化。在高速率传输时,码速率调整十分困难,限制了信息传输速率。

4. 同步数字体系SDH

(1)SDH等级与速率。整个网络中各设备时钟同步于同一个极精确的时间频率标准(如铯原子钟),信息以"同步传送模块(STM)"的结构传送,见表3-24-2。

表3-24-2　同步数字体系SDH

等级	比特率/(Mb/s)
STM-1	155.52
STM-4	622.08
STM-16	2 488.32
STM-64	9 953.28

提问　观察SDH内不同等级传送模块之间,信息传输速率的关系。与PDH之间有什么区别?引导学生思考整个网络严格时间同步带来的改变。

(2)特点。

1)第一次实现了数字传输体制上的全球统一标准。

2)标准化的信息等级和模块化结构,简化了网络结构。

3)SDH能够与PDH完全兼容,并可容纳各种新业务信号。

4)大量采用软件进行网络配置和控制,网络管理和维护能力更强,维护成本更低。

3. 应用。如光纤通信、卫星通信。

拓展阅读：阅读雨课堂推送的光纤通信中 SDH 应用相关材料。

案例二十五：基带传输的常用码型

一、教学目标与设计

1. 计划学时
1 学时(45 分钟)。

2. 教学目标
【知识目标】
(1)描述码型设计原则。
(2)阐述常用的几种基带传输码型编码规则。
【能力目标】
(1)提升分析问题和解决问题的能力。
(2)培养理论联系实际的工程思维。
【价值目标】
(1)能够从"东数西算"工程中贵州的发展，发现其找准自身比较优势，抓住机遇可实现较快发展的创新发展思路。
(2)能够从符合数字基带码型设计原则的码型有多种，且都有应用，认识到解决问题的思路是多样，不用局限在某个特定的解决方法上。

3. 思政素材
(1)"东数西算"工程中贵州的发展。密勒码用于磁带记录，磁带是数据中心常用的存储介质，具有节能、可靠、安全、廉价等优势。我国的"东数西算"工程 2022 年启动，全国一体化大数据中心体系完成总体布局设计。其中，贵州由于得天独厚的自然条件和政策支持，成为数据产业的"天然良港"，成为全球集聚超大型数据中心最多的地区之一，数字经济增速连续六年位居全国第一(截至 2023 年)。启发学生找准自身比较优势，抓住机遇，实现发展。

(2)常用的数字基带传输码型。为了适应数字基带系统的传输特性，需要设计特定的数字基带传输码型，以从功率谱形状、传输带宽、检错能力、定时信息等方面符合设计原则要求。常用的数字基带传输码型：AMI 码、HDB3 码、CMI 码、数字双相码、密勒码、块编码等都能在不同程度上满足设计要求，在特定领域都有应用。启发学生认识到解决问题的思路是多样，不用局限在某个特定的解决方法上。

二、教学流程设计

提问："已学过的几种基本的数字基带信号，能够满足数字基带系统传输的需要吗？"引导学生思考数字基带系统传输需要什么样的数字基带信号，引出本次课。

1. 码型设计原则

举例 以典型电话信道损耗与频率的关系、以及两个芯片之间传输数字信号过程为例,让学生思考适合其传输的数字基带信号特性。

功率谱形状:适合传输信道的特性,如无直流分量、低频分量少。

传输带宽:传输带宽尽量小,窄于信道的带宽,有利于提高频带利用率。

检错能力:有的码型具有某种规律特征,不额外增加错误检测位时,已经具备基本的检错能力。

定时信息:包含足够的定时信息,同步电路易于提取码元同步定时信号,无长连 0 或长连 1。

提问 已学习过的几种基本的数字基带信号:单极性归零码、单极性不归零码、双极性归零码、双极性不归零码等,哪种具有定时信息?(单极性归零码)该种数字基带信号是否满足功率谱形状、传输带宽方面的要求?(单极性归零码具有直流分量,且功率谱密度的低频分量较多)如何改进?

2. 常用的数字基带传输码型

(1) AMI 码(交替传号反转码),如图 3-25-5 所示。

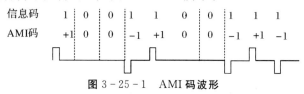

图 3-25-1 AMI 码波形

提问 AMI 码与单极性归零码之间是什么关系?

AMI 码功率谱密度:

$$P_s(f) = \frac{T_s}{4} \text{Sa}^2 \left(\frac{\pi f T_s}{2} \right) \sin^2(\pi f T_s)$$

应用:准同步数字体系 T 体系 T1、T2、T3 接口码型;

特点小结:功率谱形状:无直流,低频、高频分量少;信号带宽:$1/T_s$;无定时信息,但在接收端经过全波整流后,可恢复成单极性归零码,可提取定时信息;当出现长连 0 串时不利于恢复定时信号。

提问 如何改进 AMI 码的编码规则,解决可能出现长连 0 串的问题?

(2) HDB3 码(三阶高密度双极性码)。

编码规则:

1) 信息码连"0"数目 ≤ 3,同 AMI 编码规则。

2) 连"0"数目 > 3,每 4 个连"0"作一小节,定义为 B00V,称为破坏节,V:破坏脉冲,B:调节脉冲。

3) V 的取值为 +1 或 -1,与前一个相邻的非"0"脉冲的极性相同,且相邻的 V 码之间极性必须交替。

4) B 取值可选 0、+1 或 -1,以使 V 同时满足 3)中的两个要求。

5) V 后面的传号码极性也要交替。

小结编码思想 将 4 个连"0"作为一小节用"B00V"来标定,V 码破坏极性交替规则,作为识别 4 个连"0"的关键标志。同时,为了保证数字基带信号的均值尽量接近 0,相邻的 V 码之间极性必须交替,且之后的传号码极性也要交替,由 B 的取值(可选 0、+1、-1)进行调节。

译码规则:

1) 找到破坏脉冲 V;

2) 根据破坏脉冲 V 确定破坏节 B00V,将每个破坏节恢复为 4 个连"0";

3) 再将 -1 和 +1 都变成"1",便得到原消息代码。

应用:准同步数字体系 E 体系 E1、E2、E3 接口码型。

特点小结:具有 AMI 码的优点,同时,连 0 数限制在 3 个以内,有利于恢复定时信号。

提问 有其他解决定时信号恢复和长连 0(或 1)串问题的思路吗?

(3) CMI 码(传号反转码),如图 3-25-2 所示。

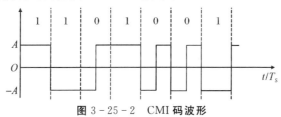

图 3-25-2 CMI 码波形

应用:ITU 推荐为准同步数字体系 4 次群接口码型;

特点小结:具有一定检错能力,无直流分量,便于恢复定时信号。

(4) 数字双相码见表 3-25-1。

表 3-25-1 数字双相码

原码	0	1	1	0	1	1	0	0	1
双相码	01	10	10	01	10	10	01	01	10

应用:局域网 10Base-T 数据传输码型;

特点小结:编码规则简单,无直流分量,便于恢复定时信号,带宽较宽。

(5) 密勒码。数字双相码的变形,主要应用于磁带记录。

【思政融入】

磁带是数据中心常用的存储介质,具有节能、可靠、安全、廉价等优势。我国的"东数西算"工程 2022 年启动,全国一体化大数据中心体系完成总体布局设计。其中,贵州由于得天独厚的自然条件和政策支持,成为数据产业的"天然良港",成为全球集聚超大型数据中心最多的地区之一,数字经济增速连续多年位居全国第一。启发学生找准自身比较优势,抓住机遇,实现发展。

(6) 块编码。引入冗余确保同步和检错能力。

5B6B 在码率提升率,光功率代价,误码增殖系数,传输效率等方面综合性能较优,在光纤通信中应用广泛。

【思政融入】

以上 6 种常用的编码都在不同程度上符合数字基带信号码型设计原则,能够满足数字基带传输需求。启发学生认识到解决问题的思路是多样,不用局限在某个特定的解决方法上。

课后思考:AMI 码、HDB3 码、CMI 码、数字双相码、密勒码、块编码还有哪些应用?

案例二十六:无码间串扰的基带传输

一、教学目标与设计

1.计划学时

1 学时(45 分钟)。

2.教学目标

【知识目标】

(1)描述码间串扰的含义及引起误码的原因。

(2)阐述无码间串扰的基带传输准则。

(3)列举无码间串扰的基带传输特性和典型应用。

【能力目标】

(1)提升分析问题和解决问题的能力。

(2)培养关注发展前沿,自主学习意识。

【价值目标】

(1)通过挖掘无码间串扰问题的研究历史,追溯奈奎斯特发现实现无码间串扰的奈奎斯特系列准则的思路,发现理论创新的一种方法——探寻系统性能极限,体会背后追求卓越的精神。

(2)通过追踪发展前沿,了解研究热点"超奈奎斯特传输"正在挑战和突破无码间串扰条件下的性能极限,体会其中包含的突破极限,超越创新的精神。

3.思政素材

(1)奈奎斯特的研究论文。在 1928 年奈奎斯特发表的论文《*Certain Topics in Telegraph Transmission Theory*》中,有一节"*Proportionality Between Speed of Signaling and Transmitted Frequency Band*",提到电报系统的传输速率与带宽之间有制约关系,提出"理想情况下,带宽有限时,极限传输速率是多少?"的问题,为了回答该问题,发现了码间串扰问题,得出了无码间串扰传输准则——奈奎斯特系列准则。

(2)超奈奎斯特传输。为了提高频带利用率,突破无码间串扰条件下极限频带利用率的基带传输技术——超奈奎斯特传输,是当前的研究热点。超奈奎斯特传输不要求接收端基带信号无码间串扰,而是转变思路,在有一定码间串扰情况下,通过提高计算复杂度,消除码间串扰的影响,以突破无码间串扰条件下极限传输性能。

二、教学流程设计

针对"影响通信系统传输速率的因素有哪些?"的提问,请几位学生表述想法,进行简短的讨论,引出本次课的内容。

1. 码间串扰分析

(1)概念引出。

[类比演示] 将码元波形在带宽有限信道中传输的过程,类比为小车和货物要通过狭窄的隧道,定性分析码间串扰问题。展示带宽有限信道带来的码元频域变窄,时域展宽,引起码元之间相互干扰的情况,以及可能存在的对码元传输速率的限制问题。

(2)建模分析。

[提问过渡] 以提问"如何定量描述码间串扰?"引出对基带传输系统的建模和分析,给出码间串扰(ISI)表达式。

$$y(kT_s) = \sum_{n=-\infty}^{+\infty} a_n h(kT_s - nT_s)$$

$$= a_k h(0) + \boxed{\sum_{n \neq k} a_n h(kT_s - nT_s)}$$

码间串扰

(Inter Symbol Interference,ISI)

(3)无码间串扰的准则。介绍奈奎斯特(见图 3-26-1),及其对码间串扰问题的研究。

图 3-26-1 奈奎斯特准则研究背景

[提问过渡] 以提问"如何消除码间串扰?"引出无码间串扰的时域准则,并推导得到无码间串扰的频域准则,即奈奎斯特第一准则。

【思政融入】

介绍奈奎斯特系列准则的出处、研究背景、研究思路。叙述奈奎斯特早在 1928 年发表研究论文,对有线电报的研究过程中,思考了传输速率与带宽的关系,提出"理想情况下,带宽有限时,极限传输速率是多少?"的问题,为了回答该问题,发现了码间串扰问题,得出了无码间串扰传输准则——奈奎斯特系列准则。启发学生发现理论创新的一种方法——探寻系统性能极限,体会背后追求卓越的精神。

2. 无码间串扰的基带传输特性设计

(1)无码间串扰分析。以图示意奈奎斯特第一准则(见图 3-26-2),引导学生发现可能存在的不同情况。

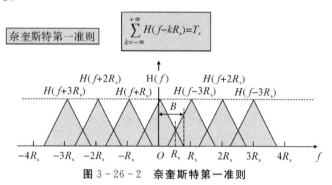

图 3-26-2 奈奎斯特第一准则

区分码元速率 R_s 的一半,即 $R_s/2$,与信道带宽 B 之间三种不同关系进行分析。

(2)无码间串扰重要结论。给出无码间串扰条件下的极限传输特性描述:奈奎斯特速率、奈奎斯特带宽、无码间串扰的极限频带利用率(见表 3-26-1)。

表 3-26-1　无码间串扰对基带传输系统 H(f) 的要求

三种情况	能否实现无 ISI 传输	$H(f)$ 的要求
情况一:$R_s/2>B$	否	
情况二:$R_s/2=B$	能	带宽为 $R_s/2$ 的理想低通
情况三:$R_s/2<B$	能	在 $[-R_s/2,+R_s/2]$ 等效理想低通

(3)无码间串扰基带传输特性。
介绍能够实现无码间串扰的基带传输特性:理想低通滤波特性,升余弦滚降特性。

3. 应用与发展

(1)应用。例举卫星广播电视、4G 移动通信中升余弦滚降滤波器设计的关键参数滚降系数 α 的取值。

卫星广播电视,见表 3-26-2。

表 3-26-2　卫星广播电视技术校准中升余弦滚降系数选取

技术标准	升余弦滚降系数 *					
第一代:DVB-S2	0.35	0.25	0.2			
第二代:DVB-S2X	0.35	0.25	0.2	0.15	0.10	0.05

卢六翮:DVB-S2X 技术解析[J].广播与电视技术,2014,41(7):97-99.

4G 移动通信,如图 3-26-3 所示。

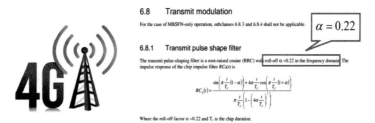

图 3-26-3　4G 标准中(根)升余弦滚降特性滤波器滚除系数 α

(2)发展。超奈奎斯特传输。

【思政融入】

对由于频带资源相对受限,需要提高传输速率,就要提高频带利用率。突破无码间串扰条件下的极限频带利用率的超奈奎斯特传输技术,成为研究热点。启示学生:突破极限,引领创新。勇于挑战和突破"性能极限",打破常规的过程中,引领技术不断创新发展

拓展阅读:阅读雨课堂推送的超奈奎斯特传输文献,讨论基本思想和方法。

案例二十七:二进制幅移键控

一、教学目标与设计

1.计划学时

1 学时(45 分钟)。

2.教学目标

【知识目标】

(1)知道数字调制的作用。

(2)能说明二进制幅移键控调制、解调原理和功率谱密度特点。

(3)能列举二进制幅移键控的应用。

【能力目标】

(1)提升分析问题和解决问题的能力。

(2)培养关注发展前沿,自主学习意识。

【价值目标】

(1)能够从电影《永不消逝的电波》主人公原型烈士李白的英雄事迹中,感受到李白烈士对党,对革命事业无比忠诚和大无畏的英雄气概。

(2)能够从抗噪声性能本不优的二进制幅移键控在特定情境(通信距离较近的可见光通信)下却能够扬长避短成功应用的事例,体悟到在合适的条件下,扬长避短有利于发展。

3. 思政素材

(1)革命烈士李白的事迹。无线电台拍发的等幅报,也就是用摩尔斯码调制高频载波,具有典型的数字信号特征:时间上离散,且只有两种信号幅度值(幅值为0——没有载波,或者为某确定的正值——有载波)。现代数字化等幅报可以用二进制幅移键控的数字调制方式生成。在革命战争年代,无线电报是我党搜集情报,指挥战争的"千里眼,顺风耳",发挥着至关重要的作用。在无线电报通信战线上,涌现出了许多英雄人物,比如影片《永不消逝的电波》主人公李侠的原型李白,在抗日战争和解放战争期间,不惧各种艰危险难,在上海建立地下电台向延安发去了许多重要的情报。"电台重于生命,有报必发",他是这样说的,也是这样做的。1948年12月30日,李白在敌人的重重包围中,冒着生命危险按时发出了一封重要情报后被捕。在上海解放前20天,被敌人秘密杀害。

(2)二进制幅移键控应用于可见光通信。

二进制幅移键控对接收信号幅度变化敏感,抗噪声性能不优。除了等幅报,其他无线电通信应用较少。但是,对于通信距离较近的可见光通信,二进制幅移键控却是常用的调制方式,并且能达到较高的信息传输速率。

二、教学流程设计

简单介绍电影"永不消逝的电波"主人公李侠原型李白的事迹,以提问"无线电报如何从上海传到延安?"引出本次课。

【思政融入】

我党的地下电台工作者李白视电台重于生命,不惧生命危险,顽强斗争,在上海坚持向延安发报,传送重要情报,直至被捕。1949年5月7日在狱中饱受折磨的李白对与自己隔墙相望的妻儿说"天快亮了,我所希望的也等于看到了。我能回来是最好的,万一不能回来,你和孩子,一定会和全国人民一样,过幸福自由的生活。"当天夜里,李白被敌人秘密杀害。此时,距离上海解放,只有20天。学生在阅读此事迹时,将感受到李白烈士对党,对革命事业无比忠诚和大无畏的英雄气概。

1. 概念引出

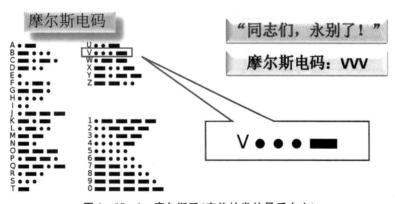

图 3-27-1 摩尔斯码(李侠拍发的最后电文)

以影片中李侠发出了最后电报代表"同志们,永别了"的摩尔斯码(由"点""划"和"间隔"组合而成)"…— — — …— — — …— — —"(代表 VVV)为例(见图 3-27-1),具有典型的数字信号特征:时间上离散,取值上离散。设"点"持续的时间为一个单位,则"点"和"划"之间的间隔时间也为一个单位,"划"和两个字母之间的间隔为为三个单位。因此,以"…— — —"(字母"V")为例,可用数字"1"和"0"的组合"101010111"表示(见图 3-27-2)。而无线电台发出的信号,是由该数字信号控制了幅度变化的某短波信号。

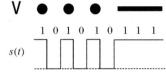

图 3-27-2　摩尔斯码 V 的二进制不归零码表示

(1)数字调制:用数字信号控制高频载波的参数,使之随数字信号变化。
(2)二进制幅移键控(2ASK、OOK):载波的振幅随二进制数字基带信号变化的数字调制。

2. 调制原理

(1)模拟幅度调制法,如图 3-27-3 所示。

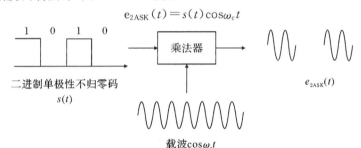

图 3-27-3　模拟幅度调制法(2ASK)

(2)键控法,如图 3-27-4 所示。

$$e_{2ASK}(t)=\begin{cases}A\cos\omega_c t, & 发送"1"时\\ 0, & 发送"0"时\end{cases}$$

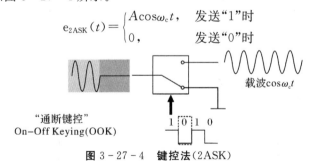

图 3-27-4　键控法(2ASK)

(3)频域分析。

时域:

$$e_{2ASK}(t)=s(t)\cos\omega_c t$$

频域:

$$P_{2ASK}(f)=P_s(f)*P_{\cos\omega_c t}(f)$$

$$P_{\cos\omega_c t}(f)=\frac{1}{4}[\delta(f-f_c)+\delta(f+f_c)]$$

$$P_{2ASK}(f)=\frac{1}{4}[P_S(f+f_c)+P_S(f-f_c)]$$

功率谱密度,如图 3-27-5 所示。

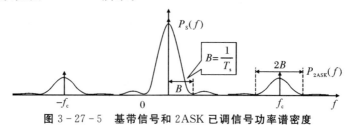

图 3-27-5 基带信号和 2ASK 已调信号功率谱密度

提问 观察 2ASK 已调信号相对于原数字基带信号(见图 3-27-6),功率谱密度发生了什么变化?

雨课堂答题:

假设李侠电报按键速率为每分钟 1 200 下,短波电台频率为 12 MHz。发出的信号频率范围是( )

A. 11.999 98~12.000 02 MHz B. 12~12.000 02 MHz

C. 11.999 98~12 MHz D. 11.999 96~12.000 04 MHz

(4)小结。

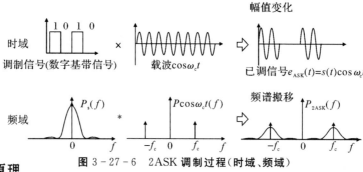

图 3-27-6 2ASK 调制过程(时域、频域)

3. 解调原理

(1)解调思路。(见图 3-27-7)

解调:已调信号中心频率再搬移回 0 处?

思路:再与载波 $\cos\omega_c t$ 相乘。

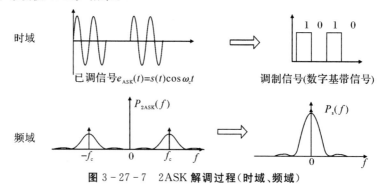

图 3-27-7 2ASK 解调过程(时域、频域)

(2)解调方法。

1)相干解调,如图3-27-8所示。

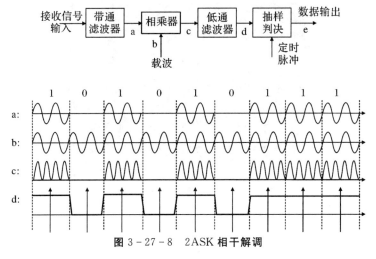

图3-27-8　2ASK相干解调

2)包络检波,如图3-27-9所示。

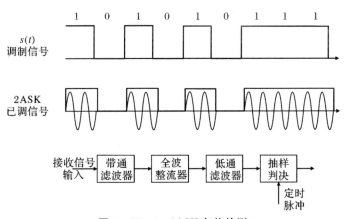

图3-27-9　2ASK包络检测

(3)归纳小结。

2ASK特点：

1)占用带宽较窄,频谱利用率高。

2)可用包络检波法进行解调,实现简便,成本低。

3)判决门限易受噪声影响。

4. 应用与发展

(1)数字化等幅报*,如图3-27-10所示。

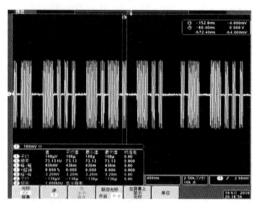

图 3-27-10　数字化等幅报波形

* 朱勇锋.数字化等幅报信号设计与实现[J].电子质量,2019(7):36-41.

（2）可见光通信**，如图 3-27-11、图 3-27-12 所示。

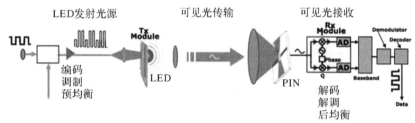

图 3-27-11　可见光通信原理

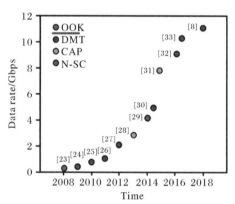

3-27-12　可见光通信阀制方式与传输速率

** 迟楠,陈慧.高速可见光通信的前沿研究进展[J].光电工程,2020,47(03):6-17.

【思政融入】

二进制幅移键控对接收信号幅度变化敏感,抗噪声性能不优。除了等幅报,其他无线电通信应用得较少。但是,对于通信距离较近,信道条件较好的可见光通信,二进制幅移键控却可以扬长避短成功应用,达到较高的信息传输速率。学生体悟到在合适的条件下,扬长避短有利于发展的道理。

(3)向高阶复合调制技术发展,如图3-27-13所示。

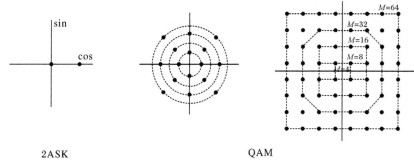

图3-27-13 2ASK与QAM星座图

拓展阅读:阅读雨课堂推送的可见光通信相关文献。

案例二十八:二进制相移键控

一、教学目标与设计

1. 计划学时
1学时(45分钟)。

2. 教学目标

【知识目标】
(1)说明二进制相移键控的调制、解调原理。
(2)阐述二进制相移键控信号的功率谱密度特点。
(3)列举二进制相移键控的典型应用。

【能力目标】
(1)提升分析问题和解决问题的能力。
(2)培养关注发展前沿,自主学习意识。

【价值目标】
(1)能够对我国北斗卫星导航系统具有独特的短报文通信功能,以及华为首次实现大众手机直连卫星进行通信的成就感到自豪,增强民族自信心和专业认同感。
(2)能够感受严格同频同相载波对于二进制相移键控相干解调的重要性,感悟"精准严实,精益求精"的作风对于高标准完成工作的重要性。

3. 思政素材
(1)华为实现首次大众手机直连卫星进行通信。2022年9月华为发布的Mate50系列手机,在全球范围内首次实现了大众智能手机直连卫星进行通信,手机能够直连北斗卫星,发送短报文实现卫星通信。经过多年的独立研发和建设,2020年7月31日北斗三号全球卫星导航系统宣布建成,除了能够实现高精度的定位导航外,还可在全球范围内实现短报文通信,这是其他卫星导航系统不具备的,是典型的中国方案。正是基于北斗独特的短报文通信功能,华为实现了直连北斗卫星发送短报文,体现了中国智慧。

(2)二进制相移键控相干解调需要严格同频同相的相干载波。分析二进制相移键控相干解调的过程中,发现解调用载波如果与发送端调制时所用载波存在相位差,会影响解调结果,甚至会导致解调结果完全与发送数字序列相反,出现反向工作的情况。因此,二进制相移键控相干解调的成功需要严格同频同相的相干载波。

二、教学流程设计

以通信领域热点新闻"华为全球范围内首次实现手机直连北斗卫星通信"作为引入,介绍北斗卫星导航系统功能特点,华为实现北斗短报文通信的背景与意义。提出问题:"华为手机如何向北斗卫星发送信号?"引出本次课的内容。

【思政融入】

我国独立研发建设的北斗卫星导航系统具有独特的短报文通信功能。基于此,华为与北斗合作,2022年9月在全球范围内首次实现了大众手机直连卫星发送短报文。无论是北斗卫星导航系统的短报文通信功能,还是华为首次直连卫星进行通信,都是具有独创性的典型中国方案,体现了中国智慧。经由介绍,学生自然而生的自豪感,潜移默化地增强了民族自信心和专业自豪感。

1. 二进制相移键控信号调制

以华为手机向北斗卫星发送信号的参数为例,看到手机信号的调制方式就是二进制相移键控(BPSK)。引出二进制相移键控的调制原理。

定义:二进制相移键控(Binary Phase Shift Keying,2PSK/BPSK):二进制数字基带信号控制载波的相位,使得随之变化的数字调制技术。

初始相位 0、π 分别表示二进制"1"和"0",如图 3-28-1 所示。

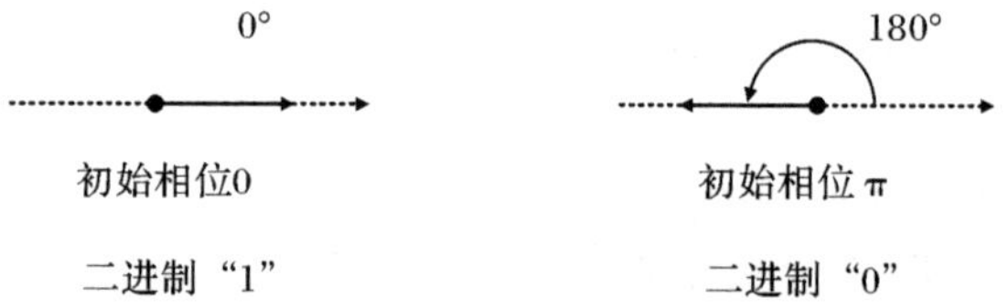

图 3-28-1　初始相位 0、π 代表"1"和"0"

BPSK 表达式:

$$e_{\text{BPSK}}(t) = A\cos(\omega_c t + \varphi_n) = \begin{cases} A\cos\omega_c t, & \varphi_n = 0, \text{发"1"} \\ -A\cos\omega_c t, & \varphi_n = \pi, \text{发"0"} \end{cases}$$

(1)键控法。

BPSK 表达式:

$$e_{\text{BPSK}}(t) = \begin{cases} A\cos\omega_c t, & \text{发"1"} \\ A\cos(\omega_c t + \pi), & \text{发"0"} \end{cases}$$

键控法示意,如图 3-28-2 所示。

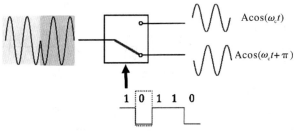

图 3-28-2 键控法（BPSK）

(2) 模拟调制法。

BPSK 表达式：

$$e_{BPSK}(t) = s(t)\cos\omega_c t$$

模拟调制法示意，如图 3-28-3 所示。

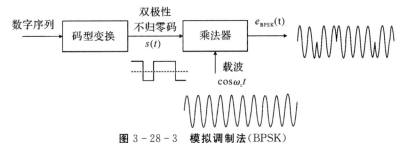

图 3-28-3 模拟调制法（BPSK）

(3) 频域分析。二进制相移键控信号功率谱密度表达式推导过程：

时域 $\quad e_{BPSK}(t) = s(t) \cdot \cos\omega_c t$

↓ ↓

频域 $\quad P_{BPSK}(f) = P_s(f) * P\cos\omega_c t(f)$

$$P_{\cos\omega_c t}(f) = \frac{1}{4}[\delta(f-f_c) + \delta(f+f_c)]$$

$$P_{BPSK}(f) = \frac{1}{4}[P_s(f-f_c) + P_s(f+f_c)]$$

其中，$P_s(f)$ 是数字基带信号的功率谱密度（见图 3-28-4）。

二进制相移键控的调制过程物理含义：频域特性线性搬移。

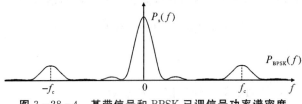

图 3-28-4 基带信号和 BPSK 已调信号功率谱密度

(4) 归纳小结。从时域和频域两方面，归纳二进制相移键控已调信号的特点：时域上，体现为载波相位变化，频域体现为频谱特性（由功率谱密度代表）线性搬移（见图 3-28-5）。

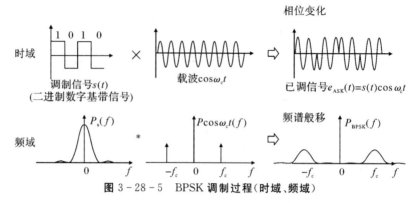

图 3-28-5　BPSK 调制过程（时域、频域）

2. 二进制相移键控信号解调

(1) 解调思路。已调信号中心频率搬移回 0 处，如图 3-28-6 所示。

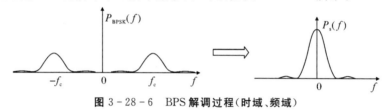

图 3-28-6　BPS 解调过程（时域、频域）

(2) 解调原理，如图 3-28-7 所示。

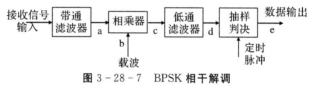

图 3-28-7　BPSK 相干解调

交互　请学生推导分析每点信号表达式。

$$e_{BPSK}(t)=s(t)\cos\omega_c t$$
$$\cos\omega_c t \quad \cos\omega_c ts$$
$$e_{BPSK}(t)\cos\omega_c t=\frac{1}{2}s(t)+\frac{1}{2}s(t)\cos2\omega_c t$$

当载波与调制用载波频率和相位相同时，低通滤波器输出信号为 $\frac{1}{2}s(t)$。

(3) 影响因素分析。当解调所用载波与调制用载波存在相位差 $\Delta\varphi$，为 $\cos(\omega_c t+\Delta\varphi)$ 时，低通滤波器输出信号表达式为 $\frac{1}{2}s(t)\cos\Delta\varphi$。

1) 只有当 $\Delta\varphi=0$ 时，低通滤波器输出信号为 $\frac{1}{2}s(t)$。

2) 当 $\Delta\varphi\in\left(0,\frac{\pi}{2}\right)\cup\left(\frac{3\pi}{2},2\pi\right)$ 时，$0<\cos\Delta\varphi<1$，低通滤波器输出信号幅值变小，噪声不变时，信噪比降低，判决误码率提高。

3) 当 $\Delta\varphi=\frac{\pi}{2}$ 或 $\frac{3\pi}{2}$ 时，$\cos\Delta\varphi=0$，低通滤波器输出信号幅值为 0。

4) 当 $\Delta\varphi \in \left(\dfrac{\pi}{2}, \dfrac{3\pi}{2}\right)$ 时，$-1 < \cos\Delta\varphi < 0$，低通滤波器输出信号反向，判决结果与输入完全相反。当 $\Delta\varphi = \pi$ 时，解调各环节信号波形示意如下，图 3-28-8 所示。

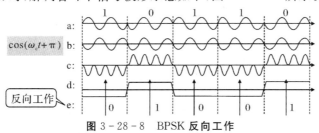

图 3-28-8　BPSK 反向工作

当解调所用载波与调制用载波存在固定频率偏差时，分析过程类似，此处略。

【思政融入】

分析相干解调过程，解调所用载波与调制时载波相位、频率存在偏差时，会影响解调结果：比如信噪比降低，误码率提高，甚至输出为 0，或者会使得判决结果完全反相。通过分析，学生将自然得出解调用载波必须与调制用载波频率和相位严格相同，相干解调才能成功。可由教师类比升华至必须坚持"精准严实，精益求精"的作风，才能高标准完成工作。

3. 应用与发展

(1) 应用领域。卫星导航与通信、深空探测、流星余迹通信、无线网络。

(2) 发展。向高阶调制技术发展 BPSK→QPSK→8PSK→QAM。

拓展阅读：阅读雨课堂推送的关于北斗卫星导航系统、月球中继通信、天问一号中继通信等代表文献，列出 BPSK 在其中具体应用情况，思考 BPSK 在此类领域广泛应用的原因。

案例二十九：帧同步

一、教学目标与设计

1. 计划学时

1 学时（45 分钟）。

2. 教学目标

【知识目标】

(1) 说出帧同步定义。

(2) 阐述集中插入法帧同步码选取原则，检测流程。

(3) 计算集中插入法帧同步性能参数。

【能力目标】

提升分析问题和解决问题的能力。

【价值目标】

(1) 能够对帧同步定义中蕴含的严谨审慎的人生态度有所领悟。

(2) 能够把握假同步与漏同步之间的矛盾关系，认识到在实际工程应用中，需要分清主要矛盾和次要矛盾,选择优先降低假同步概率或者漏同步概率。

3.思政素材

(1)帧同步的定义。帧同步指在位同步的基础上,识别出数字信息群(字、句、帧)的"开头"和"结尾"位置。如果一帧的"开头"识别错误,将无法正确解读出这一帧数据蕴含的信息。这个"开头"对一帧数据意义的解读都至关重要,"这就像穿衣服扣扣子一样,如果第一粒扣子扣错了,剩余的扣子都会扣错。"就如习近平总书记告诫我们:"人生的扣子从一开始就要扣好"。

(2)假同步与漏同步的关系。降低帧同步中假同步的概率,需要提高判决门限,而降低漏同步的概率,需要降低判决门限。因此,假同步和漏同步之间的关系是矛盾的,属于辩证统一的关系。通信系统中减小一方必然增大另一方,对于不同的通信系统,以及在通信不同阶段需要适时调节两者关系。也就是,需要分清主要矛盾和次要矛盾,选择优先降低假同步概率,还是降低漏同步概率。

二、教学流程设计

以抗日战争期间,沦陷区曾经写了一条标语"有粮食不卖给八路军吃",企图禁止老百姓给八路军供应粮食。第二天就有人加了个标点,变成了"有粮食不卖,给八路军吃"。标点位置不同,解读的信息也不同。通信系统中,也存在类似问题。接收端解调得到一串"0""1"二进制数字序列后,需要确定哪一位是一帧的开始,帧起始位置不同,最终恢复得信息也不同。

1.帧同步基本概念

(1)定义。在位同步的基础上,识别出数字信息群(字、句、帧)的"开头"和"结尾"位置。

【思政融入】

正确地识别一帧的开头非常重要,如果识别错误,对整帧数字信息的解读就会出错。"这就像穿衣服扣扣子一样,如果第一粒扣子扣错了,剩余的扣子都会扣错。"就如习近平总书记告诫我们,人生的扣子从一开始就要扣好。

(2)常用实现方法。起止式同步法、连贯式插入法

2.起止式同步法

在数字电传机中广泛使用,如图3-29-1所示。

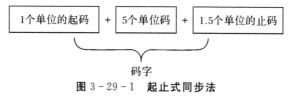

图3-29-1 起止式同步法

提问互动 起止式同步法有什么优点与不足?

优点:结构简单,易于实现。

不足:传输效率较低。

3.集中插入法

(1)方法。在每一信息码组的开头插入帧同步码组,如图3-29-2所示。

图 3-29-2 集中插入法

(2)帧同步码组要求。

讨论 如何设计帧同步码组能够方便识别,易于实现,且提高传输效率?

1)具有尖锐单峰特性的自相关函数,便于识别。
2)识别电路简单。
3)码长适当。

(3)巴克码。

1)定义。巴克码是一个 n 位长的码组 $\{x_1, x_2, x_3, \cdots, x_n\}$,每个码元 x_i 只可能取值 +1 或 -1(分别对应二进制的 1 和 0),则它的自相关函数为

$$R(j) = \sum_{i=1}^{n-j} x_i x_{i+j} = \begin{cases} n, & j=0 \\ 0 \text{ 或 } \pm 1, & 0 < j < n \\ 0, & j \geq n \end{cases}$$

2)自相关函数。以 7 位巴克码为例,计算其自相关函数。在 0 处的尖锐单峰,可用于识别,如图 3-29-3 所示。

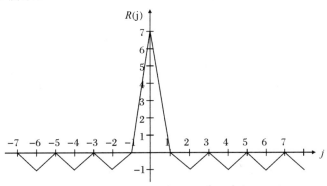

图 3-29-3 位巴克码自相关函数

3)巴克码识别器,如图 3-29-4 所示。

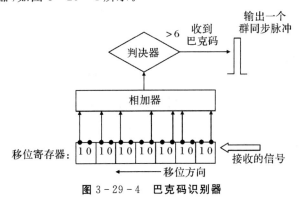

图 3-29-4 巴克码识别器

[动画演示] 巴克码识别器工作过程。

4) 漏同步。设 p 为码元错误概率，n 为同步码组的码元数，m 为判决器容许码组中的错误码元最大数，则同步码组码元 n 中所有不超过 m 个错误码元的码组都能被识别器识别。

漏同步概率：

$$P_1 = 1 - \sum_{r=0}^{m} C_n^r p^r (1-p)^{n-r}$$

[提问] 如何降低漏同步概率？

降低漏同步方法：降低判决门限电平。

5) 假同步。假同步概率 p_2 是消息码元中能被判为同步码组的组合数与所有可能的码组数之比。

假同步概率：

$$P_2 = \frac{\sum_{r=0}^{m} C_n^r}{2^n}$$

[提问] 如何降低假同步概率？

降低假同步方法：提高判决门限电平。

【思政融入】

分析可知，假同步和漏同步之间的关系是矛盾的，属于辩证统一的关系。通信系统中减小一方必然增大另一方，对于不同的通信系统，以及在通信不同阶段需要适时调节两者关系。也就是，需要分清具体通信系统，以及通信阶段的主要矛盾和次要矛盾，不同情况下采取不同的应用措施。

3. 应用

(1) PCM30/32 时分复用标准，如图 3-29-5 所示。

序号	名称	码率/kbps	帧长/bit	同步码位数	同步码型	前方保护时间（同步帧）	后方保护时间（同步帧）
1	PCM30/32路基群设备	2.048	512	7	0011011	连续3或4帧	1
2	二次群设备（120路）	8.448	848	10	1111010000	连续4帧	3
3	三次群设备（480路）	34.368	1536	10	1111010000	连续4帧	3
4	四次群设备（1920路）	139.264	2928	12	111110100000	连续4帧	3

图 3-29-5 PDH E 体系时分复用标准

(2) 对流层散射通信。连续识别 3 次帧同步信号，确定为同步；连续 4 次发现漏同步，确定为失步。

拓展实验：利用校园网虚拟仿真实验平台完成"帧同步"仿真实验。

案例三十：伪随机序列

一、教学目标与设计

1. 计划学时
1学时（45分钟）。

2. 教学目标
【知识目标】
(1)说出伪随机序列的概念。
(2)识别m序列的自相关函数和功率谱密度。
(3)阐述直接序列扩谱通信的基本原理和抗干扰机理。

【能力目标】
(1)提升分析问题和解决问题的能力。
(2)培养理论联系实际的工程思维。

【价值目标】
(1)能够从我国北斗卫星导航系统自主创新的建设实践历程中，体会"自主创新、开放融合、万众一心、追求卓越"的新时代北斗精神，感受自立自强的奋斗热情，增强专业认同感。
(2)能够从我国提出的 TD-SCDMA 标准被采纳为3G标准，成为我国在移动通信领域由受制于人、追赶、到并跑，直到5G时代领跑中的重要里程碑事件中，激发民族自豪感，增强专业认同感。

3. 思政素材
(1)北斗卫星导航系统。北斗卫星导航系统是中国着眼于国家安全和经济社会发展需要，自主研制和建设的全球卫星导航系统，为全球四大卫星导航系统之一。从20世纪80年代开设探索适合国情的卫星导航系统发展道路，形成了"三步走"发展战略。分别于2000年底、2012年底建成了服务中国及周边的"北斗一号"系统和覆盖亚太地区的"北斗二号"系统。2020年，建成覆盖全球的北斗三号系统，各项性能指标为世界一流水平，全面服务于国防、交通、农、林、渔、公安、电力、金融等方方面面，是国家重要的时空基础设施。

(2)3G蜂窝移动通信标准 TD-SCDMA。TD-SCDMA 是 Time Division-Synchronous Code Division Multiple Access（时分同步码分多址）的简称，它以我国知识产权为主、被国际广泛接受和认可的无线通信国际标准，也被国际电信联盟 ITU 正式列为第三代移动通信接口技术规范之一，是中国移动通信界的一次创举和对国际移动通信行业的贡献，也是中国在移动通信领域取得的前所未有的突破。

二、教学流程设计

提问"如何应对信道中噪声、干扰的影响，保证良好的通信质量？"回顾带限高斯白噪声条件下通信容量公式,提出增大信号带宽的思路,引出本次课。

1. 问题引出

提问　如何增大信号带宽?

(1)采用在宽频带上跳变的多个载波。

跳频扩谱通信:载波频点受伪随机序列控制而跳变。

(2)与宽频带信号直接相乘。

直接序列扩谱通信:信号直接与高速伪随机序列相乘。

提问　什么是伪随机序列?

2. 伪随机序列

(1)随机噪声序列。特性(以二进制白噪声序列为例):

1)序列中"0"和"1"出现概率相等。

2)功率谱密度为常数。

3)自相关函数为冲激序列。

4)无法预测。

提问　是否存在具有类似性质,同时易生成和控制的序列?(伪随机噪声序列,简称伪随机序列)

(2)m 序列。最长线性反馈移位寄存器序列,一种典型的伪随机序列。

1)线性反馈移位寄存器产生 m 序列。一个 n 级线性反馈移位寄存器产生 m 序列的充要条件:特征多项式为 n 次本原多项式。

举例　以 $n=4$ 为例,讲解构造产生 m 序列的线性反馈移位寄存器的过程。

A. 对 $x^m+1, m=2^n-1$ 进行因式分解,找出 n 次既约多项式

$$x^{15}+1=(x^4+x^3+1)(x^4+x+1)(x^4+x^3+x^2+x+1)(x^2+x+1)(x+1)$$

其中,等式右边前三项都满足要求。

B. 找出其中除不尽(x^q+1)的 n 次既约多项式,其中 $q<m$。由于 $(x^4+x^3+x^2+x+1)(x+1)=x^5+1$,以上三项中,只有前两项满足要求,可以选 x^4+x+1 作为本原多项式。

C. 依据 x^4+x+1 构造线性反馈移位寄存器,如图 3-30-1 所示。

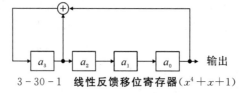

3-30-1　线性反馈移位寄存器(x^4+x+1)

2)m 序列的性质。

A. 均衡性:在 m 序列一个周期中,"1"和"0"的数目基本相等,"1"的个数比"0"的个数多 1 个。

举例　以 x^4+x+1 作为本原多项式生成 m 序列的情况为例。

B. 游程分布:在 m 序列一个周期(含 m 个元素)中,长度为 $k(1 \leqslant k \leqslant n-1)$ 的游程数目占游程总数的 2^{-k};长度为 $k(1 \leqslant k \leqslant n-2)$ 的游程中,连"1"和连"0"的游程各占一半。

C. 移位相加性:一个 m 序列 M_p 与其经过任意次延迟移位后的另一个不同序列 M_r 模 2 相加,所得序列仍是该 m 序列的某次延迟移位序列 M_s。

D. 自相关函数:

为 m 的码组 x(+1 代表 1,-1 代表 0)定义自相关函数:

$$\rho_x(j) = \frac{1}{m} \sum_{i=1}^{m} x_i x_{i+j}, \quad j = 0, 1, \cdots, (m-1)$$

m 序列(周期为 $m=2^n-1$)的自相关函数,

$$\rho(j) = \frac{\text{一个周期中"0"的数目} - \text{一个周期中"1"的数目}}{m}$$

也就是

$$\rho(j) = \begin{cases} 1, & j=0 \\ \dfrac{-1}{m}, & j=1,2,\cdots,m-1 \end{cases}$$

由于 m 序列的周期性,其自相关函数也为周期函数(见图 3-30-2):

$$\rho(j) = \rho(j-km), \quad j \geqslant km, k = 1, 2, \cdots$$

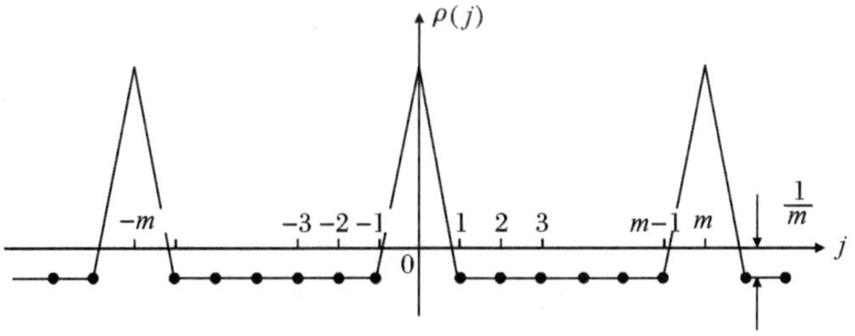

图 3-30-2　m 序列自相关函数

5) 功率谱密度,如图 3-30-3 所示。

$$P_s(\omega) = \frac{m+1}{m^2} \left[\frac{\sin(\omega T_0 / 2m)}{\omega T_0 / 2m} \right]^2 \sum_{+\infty} \delta\left(\omega - \frac{2\pi i}{T_0}\right) + \frac{\delta(\omega)}{m^2}$$

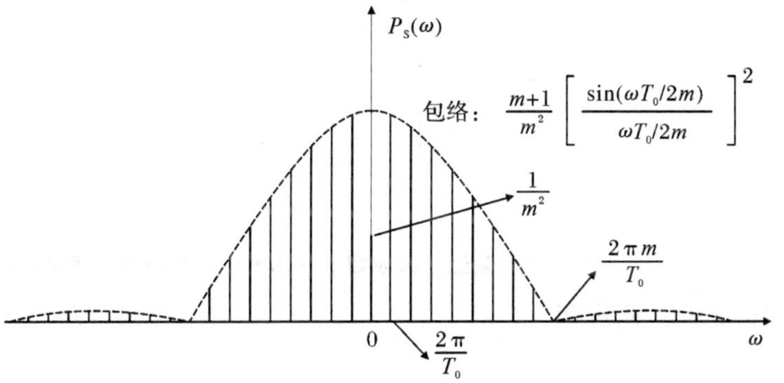

图 3-30-3　m 序列功率谱密度

其中,T_0:m 序列周期持续时间;m:m 序列周期内码元数。

3. 扩展频谱通信

(1) 分类:直接序列扩谱、跳频扩谱。

(2) 一般模型,如图 3-30-4 所示。

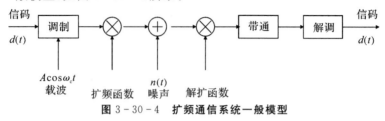

图 3-30-4　扩频通信系统一般模型

(3) 直接序列扩谱,如图 3-30-5 所示。

提问　直接序列扩谱如何应对信道噪声和干扰的影响?

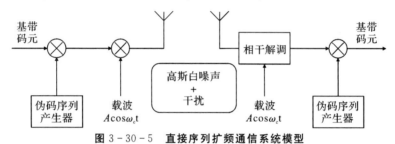

图 3-30-5　直接序列扩频通信系统模型

接收端信号功率谱密度示意,如图 3-30-6 所示。

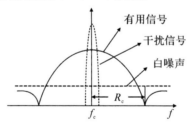

图 3-30-6　直接序列扩频通信接收端信号功率谱密度

经过解调和解扩后,信号功率谱密度示意,如图 3-30-7 所示。

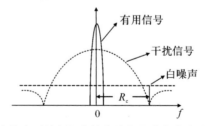

图 3-30-7　直接序列扩频通信接收端信号功率谱密度(解调、解扩后)

4. 伪随机序列的其他应用

(1) 时延测量。

(2) 通信加密。

(3) 多用户接入 码分多址(CDMA)。

(4)应用实例。

1)北斗卫星导航系统(BDS)。BDS 民码是由两个 11 位线性移位寄存器组合生成的 Gold 码(另一种伪随机序列),码长 2 046,码速率 2.046 Mcps,如图 3-30-8 所示。另外,BDS 军码也是一种伪随机序列,不公开。

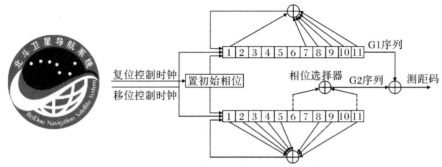

图 3-30-8　BDS,C_{B11} 码发生器示意图

伪随机序列在 BDS 中发挥着多重作用:

A. 直接扩谱通信:高速伪随机序列与导航电文相乘。

B. 测时延:伪随机码测距。

C. 通信加密:军用伪随机码不公开。

D. 码分多址:不同卫星发播不同的伪随机序列。

【思政融入】

北斗卫星导航系统是中国着眼于国家安全和经济社会发展需要,自主研制和建设的全球卫星导航系统。截至 2023 年,从 1994 年起,在接近 30 年的研制和建设历程中,形成了"自主创新、开放融合、万众一心、追求卓越"的新时代北斗精神。北斗系统的建设实践,走出了在区域快速形成服务能力、逐步扩展为全球服务的中国特色发展路径,丰富了世界卫星导航事业的发展模式。以此,激发学生自立自强的奋斗热情,增强专业认同感。

2)TD-SCDMA。TD-SCDMA 是世界上第一个采用时分双工(TDD)方式和智能天线技术的公共陆地移动通信系统,也是唯一采用同步 CDMA(SCDMA)技术的第三代移动通信系统。

【思政融入】

蜂窝移动通信 3G 时代三种主流标准编码技术 W-CDMA、CDMA2000、TD-SCDMA 并行使用。其中,就有我国提出的 TD-SCDMA 标准。这也是在移动通信领域,我国由受制于人、追赶、到并跑,直到 5G 时代领跑中的重要里程碑。以我国 1G~5G 的发展历程激发学生的民族自豪感,增强专业认同感。

课后思考:伪随机序列还有哪些应用?请举例说明。